AF156831

ANTICIPATION
LA REVUE DES FUTURS POSSIBLES

Numéro 1
Transhumanisme. La science va-t-elle modifier l'espèce humaine ?

Piloté par Marcus Dupont-Besnard
et Jeanne L'Hévéder

PARTIE 1

Qu'est-ce que le transhumanisme ?

Projetez-vous comme personnage de la série *Altered Carbon*, le dernier succès de Netflix. Un « neurachem » vous procure une amélioration neuronale décuplant vos capacités physiques et sensorielles. Bon, par contre, vous venez de mourir. Mais ce n'est pas si grave : vous avez déjà plusieurs centaines d'années et ce n'est pas prêt de s'arrêter. À chaque mort, votre conscience est téléchargée dans un nouveau corps. Et chacune de vos enveloppes charnelles est réparable. Vous perdez l'usage de votre bras dans une fusillade ? Il est remplacé par un membre cybernétique, qui s'avère même plus fort que celui d'origine.

Immortalité, corps améliorés et interchangeables… À l'image de cette série, la fresque d'un futur où les êtres humains sont plus forts grâce aux sciences et technologies nourrit les œuvres de science-fiction depuis plusieurs décennies. Mais aux yeux de tout un mouvement philosophique, scientifique et politique, un tel scénario ne relève pas seulement de la fiction. Pour les « transhumanistes », c'est un futur possible, souhaitable et inexorable. Le transhumanisme espère détacher l'être humain de ses limites fixées par la nature, éliminer le vieillissement et même la mort, guérir toutes les maladies, réparer et empêcher les handicaps. Cette « amélioration » de l'être humain dans ses caractéristiques physiques et mentales sonnerait le glas de l'*homo sapiens*, remplacé par une nouvelle espèce qu'ils veulent voir

Illustration de couverture : © 123RF / Dmytro Tolokonov

Édition : BoD - Books on Demand, 12/14 rond-point des Champs Élysées 75008 Paris

Imprimé par BoD – Books on Demand, Allemagne

ISBN : 9782322143641

Dépôt légal : juin 2018

advenir : le posthumain. Ce projet d'une « humanité augmentée » est principalement porté par des magnats de la Silicon Valley[1], qui n'hésitent pas à dépenser des sommes folles pour le voir aboutir. Les exemples d'initiatives allant en ce sens ne manquent pas. En 2016, le célèbre entrepreneur Elon Musk[2] annonçait le lancement de Neuralink, une startup chargée de créer une connexion entre le cerveau humain et la machine, pour augmenter nos capacités cérébrales, telles que la mémoire. L'objectif est, dans un premier temps, d'éradiquer certaines maladies comme Parkinson.

La Singularité technologique

Pour la frange majoritaire du courant transhumaniste, ce qui motive cette volonté d'augmentation provient d'une crainte originelle : l'arrivée imminente de la Singularité technologique. Les « singularitariens » prédisent une grande convergence entre l'intelligence artificielle (IA), les nanotechnologies, les biotechnologies et les sciences cognitives. Ils prophétisent que cette évolution connaîtra une courbe exponentielle, jusqu'à un moment de basculement où l'intelligence humaine sera dépassée par l'IA. Après ce point de non-retour, le progrès ne sera plus le fruit des humains, qui perdront la main sur leur propre devenir. Les IA s'auto-amélioreront elles-mêmes, devenant toujours plus intelligentes, toujours plus puissantes. À côté, l'intelligence humaine paraîtra préhistorique. Les partisans de cette hypothèse estiment que pour « rester dans la course » et concurrencer les machines, les êtres humains doivent s'améliorer à l'aide des technologies. Devenir en partie machine pour faire face aux

---

1   Les GAFA en tête (Google, Apple, Facebook, Amazon).
2   Il est à l'origine du train subsonique Hyperloop, des voitures électriques Tesla, du projet de tourisme spatial SpaceX…

machines. Devenir des surhumains pour exister sur le même plan que les intelligences artificielles surhumaines. Si la Singularité technologique n'est qu'une théorie, elle anime le monde californien des nouvelles technologies depuis la fin du XXe siècle. L'année 2008 fait office de tournant très concret en voyant naître la « Singularity University », un mélange entre université, think tank et incubateur de startups. Installé en plein cœur de la Silicon Valley, l'établissement se voit financé par des multinationales comme Google, Roche et Nokia. La mission annoncée : « *Éduquer, inspirer et responsabiliser les leaders afin qu'ils mettent en œuvre les technologies exponentielles pour répondre aux grands défis de l'Humanité.* » Ray Kurzweil[3], l'un des principaux fondateurs, est considéré comme le « pape du transhumanisme ». Son ennemi numéro 1 est la mort. Il est persuadé que, d'ici quelques décennies, nous accéderons à l'immortalité. Par analogie avec les ordinateurs, il estime que le corps n'est qu'un matériel informatique dans lequel est installé le logiciel de l'esprit. Lorsque le corps ne fonctionne plus, il suffirait de réinstaller l'esprit dans un autre système, que ce soit un nouveau corps ou un programme virtuel.

L'Université de la Singularité est animée par cette volonté transhumaniste de réduire la frontière entre humains et machines. Nous l'avons constaté en discutant avec Jody Medich, directrice de la conception dans les laboratoires de cette faculté si particulière. Elle ne doute absolument pas de l'avènement de la Singularité : « *Nous ne pouvons pas stopper cette trajectoire technologique. La question n'est pas si cela va arriver, mais quand. Nous devons donc décider de la façon dont nous voulons exploiter cette opportunité.* » La solution qu'elle revendique : « *Fabriquer des*

---

3   Ray Kurzweil a été embauché en 2012 par Google comme directeur de l'ingénierie.

surhumains » (« superhumans » en anglais). Pour ce faire, Jody Medich estime qu'il faut *« apprendre aux technologies à parler l'humain »*. De nos jours, maîtriser l'utilisation des appareils électroniques nécessite un temps d'apprentissage. Nous touchons notre téléphone 2.600 fois par jour pour bénéficier de toutes ses fonctionnalités. Aux yeux de Jody Medich, ces efforts que nous faisons envers les technologies sont inutiles et chronophages.

Elle regrette la nécessité de s'adapter aux technologies et souhaite que ce soient elles qui s'adaptent aux humains. *« Aujourd'hui, nous devons apprendre aux humains à utiliser les technologies. Nous avons des interfaces visuelles qui nous guident pour mieux comprendre sur quels boutons appuyer et quand. Prenez le GPS : c'est un outil très utile, mais il faut se concentrer sur l'écran pour l'utiliser. Malheureusement, les humains n'arrivent pas à être multitâches. À chaque tâche ajoutée, nous sommes moitié moins efficaces. Conduire tout en utilisant un GPS peut causer des accidents. Toutes ces interfaces créent des sources constantes d'interruption. »* Chez les surhumains que veut créer Jody Medich, ces limitations disparaîtraient. Plus besoin de contrôler un appareil électronique, ni de faire le moindre effort pour l'utiliser, c'est l'appareil lui-même qui serait *« attentif à ce que l'on fait et dans quel contexte, et qui agirait alors en réponse à nos commandes implicites. »*

D'où l'idée d'apprendre à la technologie à parler l'humain, l'objectif étant de fusionner l'Homme et la machine. *« L'interface surhumaine sera invisible. Pour l'utiliser, nous n'aurons même pas à y penser ni à nous arrêter »*, explique Jody Medich. *« Cela va nous permettre de contrôler la technologie avec notre esprit et notre corps. Pour voler, Superman ne s'arrête pas pour appuyer sur un bouton. Il se contente de voler. C'est à cela que ressemblera une interface surhumaine : rien qu'en pensant à une question, le système va la rechercher sur Google et nous donner la réponse ; si je commence un footing, mes chaussures intelligentes vont amplifier ma puissance de course. »*

Une brève histoire du transhumanisme

L'origine du mot « transhumanisme » est souvent datée en 1957, dans un texte du biologiste Julian Huxley[4]. Il invente ce terme pour défendre son idée selon laquelle les performances humaines peuvent et doivent être améliorées. Il est alors persuadé que la science génétique peut devenir un moyen de réduire les inégalités sociales et intellectuelles.

Si le point de départ du terme est britannique, c'est surtout aux États-Unis que le mouvement va progressivement se fonder. *« Indéniablement, les origines du transhumanisme sont américaines, nées à partir des années 50 dans la culture geek »*, nous indique Béatrice Jousset-Couturier, scientifique bioéthicienne et autrice de l'ouvrage *Le transhumanisme : faut-il avoir peur de l'avenir ?*. La culture geek se définit à cette époque par l'informatique émergente et un imaginaire emprunt de science-fiction. Les idées transhumanistes se nourrissent d'un genre science-fictionnel bien spécifique : le cyberpunk. Les œuvres cyberpunk décrivent un futur proche ultra-technologique, pollué, surpeuplé, dirigé par des mégacorporations qui détiennent tout le pouvoir politique. Les protagonistes sont souvent des humains modifiés par les sciences et technologies, entre prothèses cybernétiques, manipulations génétiques, implants électroniques, intelligences artificielles, univers virtuels. Si ces sociétés fictives ont été perverties par les technologies, ce sont ces mêmes

---

4   Il est le frère d'Aldous Huxley, célèbre pour *Le Meilleur des Mondes*.

technologies qui permettent aux héros d'imposer un contre-pouvoir démocratique face à l'oppression. Grâce à leur statut d'humains augmentés, ils ne sont pas démunis. Cet imaginaire d'une technologie salvatrice et émancipatrice va influencer la philosophie transhumaniste qui, nourrie également par des avancées scientifiques concrètes, ne va cesser de croître.

Pendant ces décennies de construction, le mouvement reste très nébuleux. C'est Max More, à la fin des années 1990, qui pose les bases du modèle transhumaniste moderne. Pour ce faire, il crée son propre courant : l'extropianisme[5]. Dans le manifeste *Principes extropiens, une déclaration transhumaniste*, il écrit : « *Nous défions la notion de l'inéluctabilité du vieillissement et de la mort. De plus, nous cherchons à apporter continuellement des améliorations à nos capacités intellectuelles et physiologiques ainsi qu'à notre développement émotif. Nous voyons l'humanité comme une étape transitoire dans le développement évolutionnaire de l'intelligence. Nous préconisons l'utilisation de la science pour accélérer notre transition de l'état humain à la transhumanité ou à une condition posthumaine.* »

À la même époque, la première organisation transhumaniste à grande échelle apparaît : la World Transhumanist Association (devenue Humanity+ en 2008). Elle prend pour slogan : « *Ne limitez pas vos défis, défiez vos limites* ». La Présidente de l'organisation est Natasha Vita-More, philosophe transhumaniste.[6]

---

5   L'entropie désigne l'idée que tout conduit au désordre, à la dégradation chaotique des choses. Le terme « extropie » utilisé par Max More exprime l'exact inverse : un progrès illimité et bénéfique.

6   Retrouvez notre entretien avec Natasha Vita-More dans les pages à suivre.

L'humanité face aux sciences et technologies

À mesure que les sciences et technologies s'insèrent toujours plus dans notre vie quotidienne, le transhumanisme se solidifie et prend son essor. Le phénomène n'a plus rien d'anecdotique. Les budgets liés à des aspirations d'humanité augmentée sont parfois colossaux. Des partis politiques transhumanistes s'installent aux États-Unis, au Royaume-Uni, en Allemagne. Il devient crucial de décortiquer, comprendre et évaluer le transhumanisme dans toutes ses dimensions : la crédibilité scientifique, les enjeux économiques, les conséquences sociopolitiques, les ressorts psychologiques et philosophiques.

L'impact transhumaniste peut se retrouver d'autant plus décuplé que cette philosophie repose sur des aspirations qui n'ont, finalement, rien de nouvelles et qui s'inscrivent dans d'éternels fantasmes humains. *« Depuis la nuit des temps, l'Homme cherche à moins souffrir, moins vieillir, à vivre plus longtemps et en bonne santé ! L'épopée de Gilgamesh nous le rappelle »*, précise Béatrice Jousset-Couturier. Cette fameuse épopée de Gilgamesh date de l'ancienne Mésopotamie, entre le XVIIIe et le XVIIe siècle avant Jésus-Christ. Le récit raconte le parcours légendaire d'un roi voulant échapper à sa condition de mortel, pour accéder à l'immortalité. Malgré tous ses exploits, sa quête sera vouée à l'échec et il finira par admettre sa finitude. La philosophie des Lumières, née au XVIIIe siècle, s'inscrit elle aussi dans cette recherche d'un dépassement de la nature, en affirmant que l'être humain est « perfectible ». Le fond du transhumanisme n'est donc pas nouveau. *« En revanche, ce qui a changé, c'est qu'en cette troisième révolution industrielle, un champ des possibles jusque-là inimaginable s'est offert à nous. Grâce aux nouvelles technologies, ce n'est plus seulement notre environnement ou la matière que nous pouvons transformer, mais directement nos corps. Et pour compliquer ce tableau, deux paramètres s'ajoutent : la progression exponentielle de ces découvertes, qui laisse peu de temps à l'adaptation ; et la mondialisation »*, explique Béatrice Jousset-Couturier. « *Le transhumanisme nous oblige à repenser l'Homme dans son ensemble. Il est l'expression évolutionniste du XXIe siècle, le reflet de notre société actuelle, de nos façons de vivre.* » Selon elle, ce mouvement est même l'expression d'une prise de conscience : « *Nous sommes devenus conscients que depuis l'Australopithèque, l'Homo erectus et le Néandertalien, nos corps sont devenus Homo sapiens, que cette évolution n'est pas terminée et que nous ne sommes très certainement qu'un maillon de la chaîne.* »

Le principe d'une humanité augmentée n'est évidemment pas le seul futur possible, mais l'envol du transhumanisme pose des questions fondamentales qui ont animé notre enquête : Jusqu'où les sciences et technologies peuvent-elles et doivent-elles métamorphoser l'humanité ? Une humanité augmentée peut-elle réellement advenir ? Et si oui, quelle en serait la forme ? Si une philosophe transhumaniste comme Natasha Vita-More postule que l'avenir de l'Homme doit être dans la machine, l'écrivain de science-fiction Alain Damasio estime au contraire qu'une telle direction serait nocive et liberticide pour l'humanité. Exposer toute cette galaxie de points de vue, de recherches scientifiques actuelles et de scénarios d'anticipation est une démarche nécessaire pour permettre un débat public éclairé sur les sciences et technologies. Décrypter le futur, c'est mieux comprendre les enjeux actuels de notre société, pour mieux en préparer le devenir.

NATASHA VITA-MORE
philosophe transhumaniste

*

Un « nouvel humain », plus fort et quasi-immortel : le posthumain

Dans un article publié en octobre 2007, le *New York Times* décrivait Natasha Vita-More comme la *« première femme philosophe du transhumanisme »*, puisqu'elle est en effet l'une des pionnières du mouvement. En tant que présidente de Humanity+, la principale organisation internationale dédiée à la diffusion du transhumanisme, elle fait encore aujourd'hui partie des leaders.

Natasha Vita-More a rédigé en 1982 le *Transhumanist Art Statement*, manifeste transhumaniste fondateur – plus tard incorporé dans la *Déclaration Transhumaniste* de Humanity+. Voici quelques extraits du manifeste : *« Nous sommes conscients de notre propre évolution et nous revendiquons un rôle de premier plan dans la conception de ce que nous sommes et de ce que nous deviendrons. Nous voulons vivre indéfiniment. Nous voulons devenir plus intelligents, plus malléables, plus vifs. (...) Nous évoluons de l'humain vers le posthumain. Nous faisons progresser notre intelligence, augmentons notre créativité, affinons nos émotions et nous mettons notre biologie en étroite relation avec la technologie, tout comme nous explorons notre futur et l'Univers. »*. Ce manifeste dresse une liste exhaustive des objectifs transhumanistes : transformation infinie de soi, liberté individuelle illimitée, augmentation créative et intellectuelle, interface entre la biologie et la technologie, dépassement de la mort, exploration de l'Univers. La fin du texte prend des allures de « we want you » : *« Nous vous invitons à nous rejoindre dans cette merveilleuse et exaltante excursion dans le futur. »* Mais dans le futur en question, l'être humain tel que nous le connaissons n'existe plus vraiment. Natasha Vita-More a en effet inventé le concept du « Primo Posthuman », une sorte de prototype théorique de cet homme du futur. Le posthumain est un être totalement délié des contraintes de la nature. Il est *« l'architecte de sa propre existence »*. Il peut augmenter son corps à volonté (autant que *changer* de corps) et il a tout son temps pour le faire, puisque son espérance de vie est décuplée.

***

L'ENTRETIEN

Quel est le cœur de votre philosophie ? Pourquoi pensez-vous que le transhumanisme devrait ouvrir une nouvelle ère pour l'Humanité ?

Le cœur de la philosophie transhumaniste est de rechercher la continuité de l'évolution humaine à travers les faits scientifiques et l'usage éthique des technologies. Dans le champ du transhumanisme, nous promouvons des technologies comme la génomique, afin d'identifier les mutations génétiques qui causent des maladies ; l'amélioration neurologique, pour corriger les pertes de mémoire et autres lésions cérébrales ; l'augmentation du corps, afin de décupler les performances ; et divers accessoires cognitifs complémentaires qui pourraient augmenter notre intelligence et nous mettre au même niveau que les intelligences artificielles. C'est littéralement un nouvel humain.

Cela appelle une ère de transformation et de transition. Les humains ne sont plus séquestrés dans leur histoire biologique, ils deviennent les auteurs d'une nouvelle évolution de l'*homo sapiens*. Historiquement, les humains ont toujours eu une date de péremption biologique. L'espérance de vie maximum pour un humain était de 122 ans et 5 mois, un record détenu par la Française Jeanne Calment [considérée comme la doyenne de l'Humanité]. De nos jours, avec l'avènement de la génomique et du séquençage de l'ADN, la médecine progresse dans sa compréhension des causes du vieillissement et dans sa capacité à agir dessus. Qui plus est, l'humain s'est démultiplié au-delà de ses capacités originelles en utilisant Internet, des objets intelligents, la réalité virtuelle et des environnements artificiels. Le futur de cette évolution est l'*uploading*, c'est-à-dire la possibilité pour une personne d'exister en dehors de la sphère biologique, via un avatar virtuel.

Surpopulation, réchauffement climatique, terrorisme… Face à l'actualité, il est difficile d'être optimiste sur le futur. Mais votre philosophie postule un progrès permanent. Pensez-vous que le monde sera meilleur en 2050, 2080, 2100… ?

Il y a déjà beaucoup de positif dans notre présent ! Environ une femme sur huit développe un cancer invasif du sein, mais elles survivent lorsque c'est détecté au plus tôt. Un homme sur six est touché par un cancer de la prostate, mais seulement un sur trente-six en meurt. Ce sont d'excellentes statistiques sachant qu'il y a vingt ans, le cancer était une peine de mort. Il est formidable de se dire qu'une personne ayant perdu une jambe dans un accident de voiture ou à la guerre peut marcher de nouveau, grâce à une prothèse intelligente de jambe. Un grand brûlé peut avoir sa peau remplacée, grâce à une peau cultivée artificiellement. Une personne aveugle peut voir de nouveau. C'est remarquable ! De plus en plus de gens aujourd'hui ont les ressources élémentaires pour bien vivre. La population baisse dans certains pays, comme au Japon, en Europe de l'Est, en Allemagne, en Italie, en Grèce. Le réchauffement climatique est un enjeu crucial, au même titre que la santé et que le bien-être sur Terre. C'est pour cette raison que l'objectif doit être d'utiliser des technologies intelligentes et éthiques pour contribuer à améliorer la qualité de cet environnement. Le monde peut être bien plus positif dans les décennies à venir, mais il y aura toujours des problèmes qui devront être résolus.

Vous avez développé le concept de posthumain. Qui est ce nouvel humain ? Pourquoi souhaitez-vous le voir apparaître ?

Le posthumain est un humain qui n'est pas restreint par ses paramètres biologiques hérités de l'espèce *homo sapiens*. Dans l'évolution, l'être humain a développé la capacité de se tenir debout en tant que bipède, un lobe frontal permettant la réflexion intelligente, ainsi que l'usage des symboles et du langage. À partir de là, l'*homo sapiens* a grandi. Pour autant, notre évolution biologique n'a pas permis d'enrayer le processus de vieillissement qui génère des maladies, ni même sa finalité qu'est la mort. Les outils que l'Homme a inventés sont merveilleux, mais nous continuons à vieillir, à devenir faibles à partir d'un certain moment, pour *in fine* mourir après une courte durée de vie (en dessous de 100 ans). Les gens veulent dorénavant être en bonne santé, être sexy, profiter de la vie ! Ils veulent continuer à travailler et à contribuer à la société tout en ayant un but dans la vie. Le posthumain offre cette perspective.

Pourquoi accoler le préfixe « post » à cet humain ? Ce serait vraiment une nouvelle espèce ?

Le posthumain disposera d'une espérance de vie post-biologique, c'est-à-dire une vie qui ne s'arrête plus une fois arrivée la limite biologique originelle. Le « post » signifie donc continuer à vivre bien au-delà de 100 ans. Et ce sera une bonne vie, démultipliée à travers de nombreux substrats : des environnements physiques et matériels, des environnements virtuels, des environnements informatiques et artificiels. La possibilité de se télécharger par intermittence entre le monde virtuel et le monde physique pourrait être amusante !

Le posthumain pourra en effet se traduire en une nouvelle espèce, mais pas forcément. Pour une toute nouvelle espèce, il faudra une distance temporelle et spatiale faisant évoluer le posthumain de manière totalement séparée des humains. Mais je pense que nous pouvons très bien évoluer au sein même de notre propre espèce, de notre propre culture sur Terre, en épousant les courants de la société.

Il y a déjà des transhumains parmi nous, mais pas encore des posthumains. J'ai conçu le concept de « Primo Posthuman » en 1997. L'idée a eu tellement de succès que cela a été repris dans la plupart des grands journaux et magazines, dans les émissions télévisuelles à travers le monde. Il y a eu depuis différentes incarnations et mises à jour du concept, mais le principe reste toujours le même : concevoir l'esquisse d'un nouveau corps pour quelqu'un dont l'enveloppe biologique serait déficiente en raison d'une maladie, d'une blessure ou du vieillissement, mais dont l'esprit serait toujours bel et bien actif.

Un tel corps pourrait aussi faire office de corps alternatif pour quelqu'un de temporairement cryogénisé. L'enjeu, c'est qu'un cerveau puisse être copié sous forme de zéros et de uns, un code informatique hautement sophistiqué, afin d'être téléchargé dans un nouveau corps.

L'extension de la vie semble être votre principale motivation. Pensez-vous que ce soit possible d'atteindre l'immortalité ?

Je suis en effet dévouée à l'extension de la vie, c'est la prochaine grande frontière à franchir. Je ne suis pas sûre au sujet de l'immortalité, mais je pense qu'il peut y avoir des variantes du concept de « mort » – dans ce que c'est, si c'est réversible, si l'on ne pourrait pas faire une pause pendant une décennie ou deux avant de revenir dans la vie…

L'une des méthodes que vous préconisez pour étendre la vie est l'*uploading* (ou *mind uploading*) : le téléchargement de l'esprit humain dans un ordinateur. Donc dans un univers virtuel. N'est-ce pas contradictoire avec l'amélioration du corps physique que de se télécharger dans un monde purement informatique ?

Je ne conçois pas l'*uploading* comme pouvant devenir un format unique de vie : cela signifie plutôt qu'une personne pourrait se télécharger dans un environnement informatique virtuel et ensuite se re-télécharger dans le monde physique. Ce n'est pas contradictoire, car le principe de la posthumanité est que le posthumain a de multiples choix possibles. De nos jours, on a le choix entre être un homme ou une femme ; entre être hétérosexuel, homosexuel ou bisexuel ; entre être libéral ou conservateur ; etc. Demain, nous aurons le choix d'où nous voulons exister et dans quel type de corps. De toute façon, lorsqu'on se télécharge dans un environnement informatique, on a toujours besoin d'un corps, même si c'est sous la forme d'avatars numériques.

Est-ce que le transhumanisme peut s'inscrire à l'agenda politique ? Peut-on imaginer un pays dirigé par un président transhumaniste ?

J'ai été la première transhumaniste à développer un agenda politique, en me présentant aux élections. J'ai été élue avec une victoire écrasante, en 1992, à Los Angeles, en tant que membre du conseil de la côte Ouest (Malibu, Santa Monica, Venice, Marian Del Rey). Mon programme était de type transhumaniste. Il pourrait très bien y avoir un jour un président transhumaniste, mais ce ne sera pas quelqu'un qui utiliserait ce terme pour attirer l'attention des médias. Un président transhumaniste serait tout simplement quelqu'un qui donne de la valeur à la vie, qui soutient la recherche et le développement d'une science basée sur les preuves (evidence-based science), d'un usage éthique des technologies permettant d'étendre la durée de vie humaine.

L'historien et penseur politique Francis Fukuyama dénonce le transhumanisme comme étant la « fin de l'Homme ». Il évoque différents dangers potentiels, comme l'eugénisme. Prenez-vous en compte ce type de critiques ?

Francis Fukuyama est mal informé, il n'a pas les connaissances requises ni la perspicacité pour prêter attention à la portée des évolutions technologiques. Il ne comprend donc pas que ce n'est pas parce qu'une personne a une maladie de nature biologique que nous devons la laisser souffrir tout au long de sa vie, que nous ne pouvons pas intervenir et guérir cette maladie. Contrairement à ce que Fukuyama a déclaré il y a quelques années, le transhumanisme est entièrement centré sur l'éthique. Les écrivains de science-fiction aiment la dystopie et c'est le cas aussi des « éthiciens » qui se font connaître en effrayant les gens. Or, les plus fervents penseurs de l'augmentation humaine sont les scientifiques les plus éthiques de la planète.

Parmi les autres critiques récurrentes, on entend beaucoup parler d'un aspect sectaire chez les transhumanistes, voire d'une « religion de la science »...

Ce sont des bêtises. Le transhumanisme est une vision du monde qui promeut des avancées scientifiques et technologiques pour aider les humains à vivre longtemps et en bonne santé. C'est à l'opposé de la religion, parce que nous ne vénérons rien ni personne. Le transhumanisme est basée sur une pensée critique envers qui nous sommes en tant qu'humains, quels problèmes nous rencontrons dans notre biologie et comment nous pouvons résoudre ces problèmes grâce aux sciences et technologies.

→ **Tableau comparatif tiré de l'archétype « Primo Posthuman »
proposé par Natasha Vita-More**

Le corps humain	Le corps posthumain
Durée de vie limitée	Sans âge (immortalité)
Héritage génétique	Gênes remplaçables
Usures	Mises à jour
Erreurs hasardeuses	Dispositif de correction des erreurs
Sens de l'humanité	Transhumanité éclairée
Intelligence : mille milliards de synapses	Intelligence : un million de trillion de synapses
Un seul point de vue conscient	Plusieurs points de vue fonctionnant en parallèle
Genre homme/femme restreint	Genre homme/femme interchangeable à souhait
Sensible aux dommages causés par l'environnement	Imperméable aux dommages causés par l'environnement
Corrosion par l'irritabilité, l'envie, et la dépression	Optimisme turbo
Élimination des déchets salissants et gazeux	Recyclage et purification des déchets

ANDERS SANDBERG
chercheur transhumaniste

*

« La cryogénie est la seconde pire chose qui puisse vous arriver »

Suite à notre entretien avec Natasha Vita-More, l'extension de la durée de vie apparaît comme le leitmotiv n°1 du transhumanisme. Nick Bostrom, autre transhumaniste notoire, a rédigé un texte intitulé *La fable du Dragon-Tyran*. Par « Dragon-Tyran », comprenez la mort. Morale de ce pamphlet : l'Humanité s'est habituée à voir la mort et la souffrance comme des fatalités, si bien que nous ne percevons pas à quel point elles sont inutiles et corrigeables. Et, pour Nick Bostrom, c'est le progrès scientifique qui va permettre d'abattre ce « Dragon-Tyran ».

Les transhumanistes envisagent plusieurs solutions pour ralentir, voire tuer, la mort : des médicaments rallongeant l'espérance de vie ; la cryogénie (congeler le corps à très basse température) ; le *mind uploading* (télécharger la conscience dans des univers virtuels ou dans un nouveau corps). Au sein du Future of Humanity Institute, fondé par Nick Bostrom, nous sommes entrés en contact avec Anders Sandberg. Ce transhumaniste, titulaire d'un doctorat en « neurosciences computationnelles », est un fervent promoteur de la cryogénie et du *mind uploading*, sur lesquels il mène des recherches et réalise de nombreuses conférences. Sandberg est d'ailleurs bien décidé à se faire lui-même cryogénisé à sa mort, par l'entreprise Alcor[7].

***

Quelles « augmentations humaines » pourraient se démocratiser en premier lieu dans les décennies à venir ?

Deux augmentations aussi puissantes que bénéfiques ont déjà été démocratisées : la vaccination (un système immunitaire global) et les smartphones (une augmentation cognitive collective). On ne les reconnaît évidemment pas comme telles, car elles font partie de notre vie quotidienne... C'est comme les effets bénéfiques apportés par l'écriture, les mathématiques, la littérature et la nourriture améliorée, qui nous sont invisibles, mais nous rendent plus compétents que les peuples néolithiques.

Dans les décennies à venir, les augmentations les plus faciles à diffuser seront certains gadgets et des médicaments. Pour les gadgets, ce seront des téléphones intelligents à base de *machine learning*[8], qui nous fourniront toutes les informations dont nous pouvons avoir besoin. Du côté des médicaments, ce seront des produits d'augmentation cognitive et/ou pour prolonger la durée de vie. Cela dépendra du progrès de la science et des régulations. Ce genre d'innovations peut rapidement baisser en prix et se répandre. Mais tout ce qui nécessite des compétences spécifiques et de l'entretien aura tendance à rester cher.

---

7   Créée par Max More (l'un des fondateurs du transhumanisme), Alcor Life
    Extension Foundation revendique d'avoir déjà cryogénisé 156 patients.
8   Le machine learning consiste à intégrer un système d'apprentissage
    autonome dans une intelligence artificielle.

Sur une échelle à plus long terme, la thérapie génique se révélera utile dans un premier temps comme traitement médical, puis comme une augmentation. Les implants neuronaux sont actuellement trop risqués et inutilisables, mais avec le temps ils vont devenir moins problématiques. Ils nous permettront d'abord de contrôler notre poids, notre vigilance et notre humeur. Leur nature reste à déterminer : ils prendront probablement la forme d'électrodes micro/nano-machines ou optogénétiques[9].

À quoi ressemblerait la vie quotidienne des premiers humains augmentés ?

Un jour normal pour un humain augmenté commencera par se lever le matin en se sentant reposé et plein d'énergie. Il ne ressentira aucune ivresse du sommeil [altération de la vigilance lors de la transition entre le sommeil et l'éveil], grâce à un sommeil amélioré et un système qui le réveille au bon moment. La microflore intestinale modifiée et le métabolisme contrôlé faciliteront la prise d'un petit-déjeuner équilibré, quel que soit son contenu. Le café du matin pourra contenir des augmentations cognitives supplémentaires, mais il pourra aussi être entièrement remplacé par une toute nouvelle boisson d'augmentation (ou un quelconque autre rituel améliorant). Grâce à la mise en réseau et à la délocalisation rendues possibles par la technologie, le travail pourra, en principe, se faire n'importe où. Mais les gens ont tendance à vouloir se rassembler socialement pour maintenir l'équipe, donc le bureau pourra être dans une cafétéria (ou au moins y ressembler). Au début, nous ne remarquerons pas que les divers éléments de notre journée font partie d'une infrastructure

---

9   L'optogénétique rend les neurones sensibles à la lumière, ce qui permet de cibler des neurones précis grâce à un système de fibre optique.

formant un « moi » étendu et amélioré… Tout semblera simplement fonctionner de manière optimale. Notre transhumain se plaindra probablement, tout comme nous, de la mauvaise réception des téléphones portables (même dans leur nouvelle version), des bourrages de papier de l'imprimante et des mauvais politiciens.

La cryogénie est l'un des plus grands domaines de recherche pour l'extension de la vie. En quoi le fait de congeler le corps pourrait permettre de vivre plus longtemps ?

La cryogénie est basée sur l'idée que, si la médecine actuelle ne peut pas vous sauver, peut-être que la médecine du futur le pourra… si vous pouvez accéder à ce futur. Le concept est donc de congeler le corps pour ne plus subir aucun dommage, tout en espérant que dans le futur il sera possible de : 1) réparer les dommages causés par cette congélation ; 2) réparer les troubles dont souffrait à l'origine le corps. C'est bien évidemment une technique expérimentale et il est bien mieux de rallonger la durée de vie en restant en bonne santé et en ne vieillissant pas… malheureusement, ce n'est pas toujours possible (comme dit la blague, « la cryogénie est la seconde pire chose qui puisse vous arriver »). Si le réveil après la cryogénie fonctionne, cela requiert une médecine avancée qui sera capable d'empêcher le vieillissement, de réparer les dommages microscopiques du processus de congélation et de soigner la maladie qui vous a fait mourir. La cryogénie donnera au moins une seconde chance et ajoutera probablement beaucoup d'années.

Le *mind uploading* est le deuxième grand domaine de recherche. Comment cela fonctionnerait-il ?

Le principe du *mind uploading* est de scanner un cerveau à un niveau microscopique, puis de reconstruire les connexions neurales entre toutes les cellules sous la forme d'un langage informatique. Ce programme pourrait ensuite être exécuté dans une machine suffisamment puissante et adaptée, afin d'être connecté à un corps virtuel ou à un androïde[10]. Si chaque détail microscopique est correctement simulé, le cerveau téléchargé se comportera exactement comme son original.

C'est bien au-delà de ce que l'on peut faire de nos jours, mais dans la veine des capacités actuelles des neurosciences informatiques : nous arrivons déjà à faire fonctionner, dans des superordinateurs, des réseaux neuronaux comportant des milliards de neurones. Nous pouvons scanner de minuscules volumes de tissus et les reconstruire. Nous pouvons aussi faire fonctionner des simulations de vers de terre entiers. Si nous continuons sur cette lancée, nous allons un jour atteindre un stade où émuler informatiquement un cerveau humain pourra se tenter. Il existe un débat philosophique très enflammé pour savoir si l'on peut vraiment conserver la personne originale et sa conscience dans un logiciel. Je pense que, pour résoudre cette problématique, mieux vaut expérimenter plutôt qu'écrire d'interminables papiers universitaires.

Si le *mind uploading* fonctionne, un humain *uploadé* pourra faire des sauvegardes de sa conscience. Il pourra voyager, par transmission, sur Internet et via la radio. Il pourra réaliser plusieurs copies de lui-même. Il pourra penser toujours plus vite à

---

10 Le corps virtuel constituerait un environnement totalement informatique, tandis que l'androïde serait un corps physique mais créé artificiellement.

mesure que les ordinateurs deviennent plus rapides. Il pourra modifier son propre cerveau, ainsi que son corps (et annuler les changements s'ils sont mauvais). Un *uploading* qui fonctionne changerait le monde en profondeur.

Lequel des deux modèles est le plus crédible, voire le plus préférable : cryogénie ou *mind uploading* ?

La cryogénie est une « ambulance vers le futur », un moyen de survivre lorsque vous êtes mourant. C'est comme être une sorte de réfugié, mais dans le temps plutôt que dans l'espace. L'*uploading* est une transformation littérale vers un support de vie différent… Beaucoup de gens se demanderont sans aucun doute si leur *upload* est vraiment *eux*. Donc je pense que la plupart d'entre nous voudra que les médicaments, la thérapie génique et les cellules souches ralentissent le vieillissement, afin de garder leur corps biologique jeune, plutôt que d'essayer ces possibilités plus radicales. Me concernant, je veux m'uploader. Mais pas comme un premier hamster de laboratoire. Je veux le faire quand on sera sûr que cette méthode fonctionne bien.

Allonger la durée de vie est une chose. Mais certains textes transhumanistes évoquent l'immortalité. Pur fantasme ou futur possible ?

Nous sommes des êtres finis dans un univers hasardeux, quoi que l'on fasse on risque d'être malchanceux et de mourir. Mais cela peut prendre du temps avant d'en arriver à cette finalité, si l'on est prudent et ingénieux. Les lois de la thermodynamique empêchent clairement une véritable immortalité, car la mort thermique de l'Univers viendra un jour, et alors aucun calcul ni aucune mémoire ou activité ne seront plus possibles. Mais ces lois n'empêchent pas que l'on étende indéfiniment la durée de vie jusqu'à cette probable échéance. Si vous pouvez faire des copies de sauvegarde de vous-même, vous pouvez survivre aussi longtemps qu'il y a quelqu'un pour activer l'une d'entre elles. Et, avec suffisamment de copies, la probabilité pour que toutes soient détruites est assez faible. Je pense qu'arrêter le vieillissement et la mort prématurée figure parmi les objectifs moraux les plus importants de la science. Cela sous-tend l'objectif, peut-être plus important encore, d'empêcher l'extinction de l'Humanité.

Vous faites aussi de la recherche en neuroéthique. Quels sont les dilemmes moraux induits par le principe d'une humanité augmentée ?

Un débat très populaire consiste à se demander si l'augmentation de l'Homme ne pourrait pas être injuste, car elle pourrait accentuer les inégalités si seuls les puissants s'augmentent. Mais c'est plus compliqué que cela en a l'air. Une société comportant des individus plus intelligents, plus joyeux et en meilleure santé peut s'avérer être une meilleure société... même pour les individus qui ne sont pas eux-mêmes augmentés. Un autre débat est de savoir si s'augmenter ce n'est pas, en somme, « tricher ». En sport, le dopage est de la triche, car on s'est accordé sur des règles qui le définissent comme tel. En science, boire du café ou utiliser un meilleur ordinateur n'est pas considéré comme tricher. Donc la triche dépend de l'activité que nous pratiquons et des règles sur lesquelles nous nous sommes mis d'accord. Il y a un troisième débat visant à déterminer si l'augmentation relève ou non de la médecine : Peut-être que l'on devrait juste se contenter de soigner les maladies ? Ne pas chercher à nous rendre meilleurs ? Mais une grande part de la médecine nous augmente déjà : les vaccins, la médecine préventive, la chirurgie préventive, la médecine du sport. Et si quelqu'un fondait une discipline ne faisant pas de la médecine mais juste de l'augmentation, pourquoi y aurait-il un problème ?

Au fond, les vraies questions sont : Quelle nature humaine et quelle vie humaine voulons-nous ? L'augmentation ne mène-t-elle qu'à une poursuite étroite d'efficacité ou pourrait-elle mener à une vie plus riche ? Devons-nous nous cantonner à être d'excellents humains ou explorer le plus vaste royaume des possibles expériences posthumaines ?

Image tirée du jeu vidéo Deus Ex. (© Eidos / Deux Ex)

PARTIE 2

De l'humain réparé à l'humain augmenté

« *I'm the prototype* » répète inlassablement Viktoria Modesta. Dans le clip vidéo de son tube « Prototype », la chanteuse lettonne danse avec élégance tandis qu'une lumière vive et hypnotisante émane de sa jambe gauche. Née avec une malformation de la hanche, elle s'est fait volontairement amputer sous le genou, à l'âge de 19 ans, pour être appareillée d'une prothèse et gagner en mobilité.

La vidéo commence sur fond noir, en affichant le message « *Forget what you know about disability* » (« Oubliez ce que vous savez sur le handicap »). Le morceau est construit autour de cette invitation à repenser le handicap, non plus comme une gêne ni un obstacle, mais comme une force. « *Assemble me piece by piece ; Strip away the incomplete* » (« Assemblez-moi morceau par morceau ; Écartez l'idée de l'incomplet »). Se revendiquant artiste bionique, elle met en avant sa prothèse comme un élément déterminant de son identité. Dans les paroles et le scénario du clip, Viktoria Modesta se présente comme le « *modèle du futur* », la première d'un phénomène qui a vocation à s'étendre jusqu'à séduire les personnes valides. Sa musique, au son électro-pop, nous enveloppe dans une ambiance futuriste. « *We're limitless, we're not confined ; It's our future* » (« Nous sommes sans limites, nous ne sommes pas restreints ; C'est notre futur »). « *We're playing God, and now's the time* » (« Nous jouons à Dieu, et le temps est venu »). « *Feel the sparks, we're building art ; It's the vertigo of freedom* » (« Sentez les étincelles, nous bâtissons de l'art ; C'est le vertige de la liberté »). Avec Viktoria Modesta, le dépassement du handicap passe par un travail esthétique. Ses prothèses rivalisent d'originalité dans leur conception, d'une pointe noire inquiétante à une botte lumineuse éclatante, elle en a toute une panoplie. La pop star affiche du glamour, de la sensualité, et une puissance personnelle digne d'un *empowerment*[11]. Le message d'introduction du clip finit par se révéler exact : son handicap s'oublie au fil du visionnage, on se plaît à admirer la façon dont elle danse avec ses prothèses. Ce qui aurait pu être perçu comme une « infirmité », la femme bionique en a fait une caractéristique de ce qu'elle est, une extension voire une augmentation de sa personne. Si Viktoria Modesta n'est évidemment pas transhumaniste, son message récurrent fait écho à la quête d'une humanité augmentée, ou au moins « réparée », visant à dépasser les limites du corps.

« Handicapowerment »

Se réapproprier son handicap et retrouver une sensation de capacité, c'est également ce à quoi appelle Nicolas Huchet. Amputé en 2002 suite à un accident du travail, ce breton a fabriqué sa propre main bionique, dont il a publié le modèle gratuitement sur internet, en *open source*.

Après une amputation, s'ensuit toujours une période de rééducation physique très longue, souvent accompagnée d'un affaiblissement psychologique. L'enjeu est alors de se réinsérer socialement, professionnellement, et de reprendre confiance en soi.

---

11   Le fait de gagner en autonomie et en capacité d'agir.

Ce processus nécessite de redevenir acteur de sa vie. Raison pour laquelle avoir une main bionique a tout changé pour Nicolas Huchet, qui vit mieux son handicap depuis lors. Il revendique un *« handicapowerment, une manière d'explorer son handicap et de s'en servir comme source d'inspiration pour apprendre et développer des compétences »*. La finalité est de *« s'accepter et de bien vivre avec son handicap en le voyant comme une solution »*. En appliquant cet état d'esprit, il a développé une prothèse lui permettant de tenir des baguettes de batterie, un instrument qu'il a débuté après son accident.

Son association My Human Kit développe aujourd'hui des « humanlabs », des laboratoires d'auto-réparation visant à se réapproprier son propre handicap et à inventer, collectivement, des *« aides techniques open source »*. Outre le fait de retrouver une capacité d'agir, l'avantage de ces prothèses est aussi financier. Les derniers modèles de prothèse coûtent au minimum 40 000 € et ne sont pas remboursés par la Sécurité sociale française. Pour Nicolas Huchet, l'objectif de ces humanlabs est donc de *« rendre la santé accessible »*. Le réseau des humanlabs entend s'étendre, pour diffuser ce modèle de prothèses *open source* dans le monde entier. Pour le moment, il en existe trois : le Humanlab de Rennes (Bretagne), le Humanlab Junior au collège de la Petite Lande à Rezé (Pays de la Loire) et le Humanlab du Makers Asylum à Bombay, en Inde. *« Nous souhaitons participer à l'évolution de la société qui s'appuie aujourd'hui essentiellement sur un modèle capitaliste »*, nous affirme-t-il. *« Si ce modèle s'applique très bien pour la production d'objets en masse, il n'est pas compatible avec le handicap, qui représente une minorité »*.

Réparer ou augmenter ? Un débat éthique

L'instinct de survie de l'être humain le pousse à combattre la souffrance, les maladies, la vieillesse, la mort. La médecine est le fer de lance de ce combat contre notre finitude. Les progrès accumulés au fil des siècles ont permis de doubler notre longévité et d'accumuler une bonne compréhension du fonctionnement de notre corps. Prothèses, orthèses, vaccins, greffes… la médecine entre au plus profond de l'intimité de chacun, pour « réparer » cette machine ultra-complexe qu'est le corps humain.

Si cet objectif n'est pas si nouveau dans l'Histoire des civilisations, rappelez-vous ce que nous affirmait Béatrice Jousset-Couturier, bioéthicienne, en introduction : *« Ce n'est plus seulement notre environnement ou la matière que nous pouvons transformer, mais directement nos corps »*. Aujourd'hui, par le séquençage de l'ADN et les « ciseaux génétiques » que constitue le système Crispr/Cas9, les scientifiques développent une thérapie génique capable de sectionner puis remplacer des gènes déficients comme on changerait les maillons d'une chaîne. Les maladies sont détectées et traitées de plus en plus tôt. Une puce électronique actuellement testée en laboratoire pourrait être capable de diagnostiquer dix-sept maladies différentes, rien qu'en étant mise au contact de l'haleine du patient. Les nanotechnologies permettent d'avoir accès à l'infiniment petit et ouvrent ainsi des perspectives immenses dans le domaine médical.

Ces recherches et celles à venir pourront-elles repousser toujours plus loin le spectre de la mort ? Nous savons que notre finitude est imposée par le besoin de perpétuation de l'espèce, ce qui explique la détérioration de l'organisme passé l'âge de la reproduction. La découverte de la mutation du gène FOXO3A chez des populations centenaires fait partie des pistes explorées pour endiguer cette fatalité. Mais tout ce bricolage de notre corps soulève des problématiques éthiques, philosophiques et sociales. Réparer les corps, soigner les maladies, apparaît certes comme une nécessaire et bénéfique évolution. Cela dit, à partir de quel moment la médecine cesse-t-elle de « réparer » pour « augmenter » ? Béatrice Joucet-Couturier reconnaît ainsi que « *la frontière entre le curatif et l'augmentation est parfois mince. Les premiers vaccins de Pasteur ont-ils eu un effet curatif ou peuvent-ils être considérés comme une augmentation des défenses de l'organisme ? Mais avant de tous nous "augmenter", la médecine va, grâce à la puissance des ordinateurs, améliorer ses pourcentages de réussite, multiplier le recours aux diagnostics précoces et permettre des soins personnalisés. Nous allons vers une médecine prédictive et personnalisée* ».

En plus de savoir ce que la science peut réellement faire, il faut aussi déterminer si elle doit le faire et jusqu'où. En vieillissant, nos tissus se détériorent peu à peu : Les remplacerons-nous bientôt par des tissus cultivés en laboratoire ? Et si ces tissus pouvaient être rendus plus résistants, serons-nous des « humains réparés » ou bien des « humains augmentés » ? Si nous sommes des humains augmentés, ne perdons-nous pas une part d'humanité en nous transformant en une accumulation de pièces disparates et remplaçables ? L'expérience de pensée du bateau de Thésée pose déjà cette question depuis l'Antiquité : Un bateau dont on remplace progressivement toutes les planches reste-t-il le même bateau qu'à l'origine ?

OSKAR ASZMANN
chirurgien prothésiste
spécialisé en reconstruction bionique

*

Remplacer une fonction
biologique perdue

Les premières prothèses remontent à la Préhistoire. Elles ont toujours eu le même but : remplacer les membres amputés ou estropiés et restaurer les fonctions compromises (saisir ou porter un objet, marcher…). Les matériaux de fabrication et les techniques d'appareillage ont largement évolué avec le temps. Au XXe siècle, les deux guerres mondiales ont nécessité le perfectionnement des prothèses, du fait d'un nombre considérable de blessés. Dès lors, l'enjeu est de rapprocher le plus possible la prothèse du fonctionnement organique. Cette évolution se poursuit encore aujourd'hui, de façon accélérée. Les prothèses se font plus légères, résistantes et esthétiques. Le patient appareillé recouvre davantage d'autonomie, il peut se réinsérer avec plus de facilité dans la vie sociale et professionnelle. Le handisport se développe et les athlètes appareillés peuvent concourir pour les Jeux Paralympiques dans une vingtaine de disciplines.

Il existe différents types de prothèses pour remplacer les membres supérieurs (bras, mains) paralysés ou défectueux. Les plus simples sont les prothèses esthétiques, qui permettent au patient de porter des objets légers. Les prothèses dites « fonctionnelles » ou « classiques » permettent quant à elles d'effectuer quelques mouvements : ouverture et fermeture de la main, flexion du coude, entre autres. Pour regagner une plus grande liberté de mouvement et une plus grande autonomie, le patient peut également se faire appareiller d'une prothèse myoélectrique, l'une des innovations récentes de la science prothétique. Les mouvements de notre corps sont alors contrôlés par notre cerveau, qui envoie des signaux aux muscles par l'intermédiaire des nerfs. On les appelle également « prothèses bioniques », car elles se caractérisent par une forte interconnexion entre l'organique et le technologique.

Le Docteur Oskar Aszmann est à l'avant-garde de l'« humanité réparée », l'un des pionniers des techniques de reconstruction bionique. Depuis 2009, ce chirurgien prothésiste de l'hôpital de Vienne (Autriche) appareille ses patients avec des prothèses myoélectriques. Professeur associé en chirurgie plastique et reconstructive, il est spécialisé dans la reconstruction nerveuse périphérique et la réhabilitation des membres supérieurs. Il a recours à différentes techniques de reconstruction neuromusculaire, parfois associées avec des dispositifs mécatroniques (combinaison de mécanique, d'électronique et d'informatique). Le Dr Aszmann a des pratiques qui restent rares. La communauté médicale est bien loin d'être unanimement conquise par l'appareillage des patients avec des membres bioniques. Cette avancée de la science prothétique pose des questions éthiques fondamentales. Les prothèses bioniques, reliées au corps humain par les nerfs, fonctionnent par impulsion électrique, comme n'importe quel membre. Or, la tentation est grande de démultiplier les capacités humaines grâce à des machines plus puissantes que les membres organiques originels. D'un objectif purement curatif, on pourrait glisser vers l'augmentation du corps humain par la technologie. Ce problème est d'autant plus complexe qu'il est difficile de savoir à quel moment l'on considère qu'un membre est défectueux au point de devoir s'en séparer volontairement pour le remplacer par un membre artificiel. Serait-il envisageable, un jour, de le faire sur un membre considéré comme valide ? À l'hôpital de Vienne, le Dr Aszmann et son équipe considèrent que, tant que l'appareillage améliore la qualité de vie du patient, ne le blesse pas et lui permet de recouvrer des facultés perdues, les membres bioniques sont une bonne chose.

***

L'ENTRETIEN

En quoi les prothèses bioniques pourraient-elles être meilleures que les anciennes méthodes réparatrices ?

Dans le domaine de la chirurgie reconstructive, la reconstruction bionique est une approche nouvelle et innovante qui vise à restaurer le fonctionnement des membres supérieurs blessés (les bras et les mains). Cette technique est une symbiose entre la biologie et la technologie. Elle est appliquée chez des patients pour lesquels les simples traitements biologiques n'ont pas réussi à améliorer de manière satisfaisante la fonctionnabilité du membre. Des dispositifs technologiques, comme des prothèses de main, sont alors utilisés pour augmenter la biologie humaine en remplaçant une fonction biologique perdue (par exemple, après l'amputation d'une main). La reconstruction bionique ne doit pas être considérée comme supérieure aux méthodes « anciennes », mais elle élargit les possibilités de reconstruction après des blessures dévastatrices.

Elle permet des interventions médicales qui améliorent la

connexion entre l'homme et la machine, c'est-à-dire l'interface biotechnologique. Avec ce type d'opérations, on augmente les signaux musculaires pour mettre en place un contrôle « myoélectrique » des prothèses : dans la cavité de la prothèse, des capteurs sensoriels sous forme d'électrodes enregistrent l'activité musculaire à travers la peau du patient. Les électrodes n'entrent pas dans la peau, ils se posent *sur* la peau et enregistrent l'activité du muscle sous-jacent. Le signal musculaire enregistré par l'électrode est amplifié et les composants électromécaniques traduisent cette activité électrique en un mouvement. Chaque signal musculaire se traduit par une fonction spécifique de la main prothétique.

Ces dernières années, les techniques chirurgicales ont évolué jusqu'à augmenter le nombre de signaux musculaires potentiellement détectables dans un moignon. Cela permet de reconnecter à de nouveaux muscles des nerfs touchés par la lésion due à l'amputation. Par exemple, dans le cas d'une amputation au-dessus du coude, un nerf qui servait à bouger la main amputée pourrait être reconnecté au biceps dans le bras. Après régénération nerveuse, le biceps se contracte quand le patient pense à bouger sa main amputée. Les capteurs dans la prothèse identifient le signal musculaire dans le biceps et le transforment en mouvement correspondant : la main prothétique se ferme, simplement parce que le patient pense à la fermer.

Donc, de façon générale, la reconstruction bionique modifie l'anatomie biologique pour permettre le meilleur contrôle possible de la prothèse. Mais cette technique doit être réalisée seulement après l'échec de tous les autres traitements biologiques. Une main humaine reste supérieure à n'importe quelle prothèse disponible sur le marché. Les options biologiques doivent donc être épuisées avant qu'un patient et son médecin ne pensent à la possibilité d'une reconstruction bionique.

Quels sont les principaux obstacles scientifiques pour connecter une prothèse bionique avec les muscles et le cerveau ?

Le cerveau et la moelle épinière constituent le système nerveux central. Des nerfs périphériques émergent de la moelle épinière. Ils forment le plexus brachial. Ces nerfs se divisent en plusieurs branches afin de relier le bras et la main. Toute cette boucle « cerveau – moelle épinière – nerfs » fonctionne de deux façons. Le cerveau envoie des informations à la main, par exemple lorsque nous voulons la bouger. Mais le cerveau reçoit également des informations, par exemple concernant la texture d'un objet que l'on touche avec ses doigts. Les fibres motrices et sensitives dans les nerfs transmettent toutes ces informations relatives à l'activation musculaire et aux retours sensoriels. Pour le moment nous ne sommes pas capables de décoder l'information neurale qui est transmise en va-et-vient dans un nerf. Cela dit, nous sommes capables de comprendre le langage des muscles qui communiquent par contraction. Nous pouvons enregistrer cette activité musculaire du patient avec des capteurs myoélectriques placés sur la peau. De cette façon, le muscle agit comme un « traducteur » du code neural. Par conséquent, l'usage de prothèses, de nos jours, nécessite qu'il perdure une activité musculaire suffisante chez le patient. Il existe d'autres options prothétiques, plus invasives car elles connectent la prothèse au nerf lui-même... mais de telles solutions ne sont pas seulement expérimentales, elles sont aussi dangereuses, puisqu'elles interfèrent dans la fonction physiologique du nerf et lui causent des dommages majeurs.

Du côté des options viables, il y a aussi quelques obstacles, car les électrodes transcutanées ont des inconvénients. Quand un patient transpire dans la cavité de la prothèse, les électrodes sont déplacées de leur position optimale. En outre, la cavité peut glisser quand des charges lourdes sont portées avec la main prothétique. Sans oublier que la graisse transcutanée recouvrant le muscle peut interférer avec la saisie du signal électromyographique. C'est pour ces raisons que, dans le futur, les électrodes qui sont greffées directement au muscle vont révolutionner l'utilisation des prothèses. À l'Université de médecine de Vienne, nous avons traité trois patients avec des électrodes implantées. Nous avons ainsi démontré que l'utilisation de la prothèse s'améliore de façon spectaculaire avec ce procédé. Les signaux musculaires sont transmis par télémétrie, sans qu'aucun câble ne traverse la peau du patient. Dans cette situation, la biologie humaine (le muscle) est connectée, sans fil, à une machine (la prothèse), ce qui mène la reconstruction bionique au niveau supérieur.

Le chirurgien orthopédique Suédois Rikard Branemark a introduit une autre innovation majeure dans le domaine des systèmes prothétiques : l'ostéo-intégration. Cette technique établit une connexion entre la prothèse et l'os d'un patient. Un implant en titane, qui est intégré solidement dans l'os, est connecté à une prothèse externe par un raccordement qui transperce la peau du patient. Le recours aux prothèses ostéo-intégrées étend la gamme de mouvement, tandis que le problème d'une cavité trop encombrante est contourné. L'interface homme-machine est optimisée.

Pourrez-vous un jour créer une main bionique capable de reproduire intégralement ce que l'on peut faire avec une main biologique ?

Comme je l'ai mentionné précédemment, la boucle « cerveau – moelle épinière – nerf » fonctionne dans les deux sens : de haut en bas et inversement. Nous avons montré récemment dans notre laboratoire qu'un nerf périphérique contient 10% de fibres motrices, alors que 90% sont des fibres sensitives. Lorsque nous bougeons notre main, le cerveau reçoit un éventail très riche d'informations sur la position de la main dans l'espace et sur le touché des objets qu'elle manipule. Pour l'instant, aucune prothèse disponible dans le commerce ne peut reproduire toutes ces sensations variées. L'utilisateur d'une prothèse a besoin de contrôler visuellement ses mouvements. Quand il ferme les yeux, il ne *sent* pas la main comme une personne non amputée peut *sentir* la sienne. Le manque de ressenti est l'un des inconvénients majeurs des mains prothétiques. L'information sensorielle (touché, vibration, température, proprioception[12] des fuseaux neuromusculaires et tendons) est tellement diverse que la reproduire avec une machine demeure à l'heure actuelle une simple aspiration.

De fait, le contrôle peu fiable et peu fluide des mouvements représente un autre problème des prothèses actuelles. Les techniques chirurgicales les plus innovantes peuvent augmenter le nombre de signaux musculaires détectables jusqu'à six. Ces signaux se traduisent en six mouvements prothétiques indépendants. Donc agir avec une prothèse demeure toujours laborieux, comparé aux possibilités d'une main humaine. La

---

12 Perception, plus ou moins consciente, de la position des différentes parties du corps.

recherche vise justement à identifier des schémas spécifiques de mouvements musculaires, pour rompre avec le contrôle prothétique très linéaire qui existe de nos jours... cela donnera lieu à des mouvements prothétiques plus naturels et réalisables simultanément.

Comment est-ce que vos patients vivent psychologiquement le fait d'avoir leur corps mélangé avec des technologies extérieures ?

Ce qui est intéressant, c'est qu'aucun de nos patients ne s'identifie vraiment à des « hommes bioniques » ou à des « cyborgs ». Comme ils dépendent de leurs prothèses pour les activités de la vie quotidienne, ils ont une perspective plus réaliste sur le sujet.

Les prothèses peuvent certes rétablir des fonctions utiles après une amputation ou des lésions nerveuses importantes, mais ces fonctions ne sont pas comparables à la complexité des mouvements d'une main humaine. La plupart des patients apprennent malgré tout à intégrer leur main bionique dans leur image corporelle grâce à une utilisation régulière. Ils apprécient leur prothèse en ce qu'elle constitue un précieux remplacement de leur main. C'est mieux que d'avoir perdu complètement les fonctionnalités impliquées. Mais, par rapport au taux d'utilité de leur main d'origine, la prothèse est très inférieure. Une information et une sélection adéquates des patients avant l'initiation de la reconstruction bionique sont donc essentielles, pour éviter des fantasmes irréalistes de type cyborg.

HANNES SJÖBLAD
biohacker

*

« L'implant dans ma main n'est que la toute première étape »

Dans le cas du Dr Aszmann, les modifications du corps humain restent pour l'instant dans un cadre médical et curatif. Une autre approche consiste à expérimenter les possibilités de la science en utilisant son propre corps comme cobaye : c'est le biohacking, ou *« biologie participative »*. Valentina Margaria, chercheuse en biotechnologies et biohackeuse, nous explique qu'un biohacker est avant tout *« quelqu'un ayant la curiosité de vouloir comprendre les principes de la biologie et des technologies, pour jouer avec et construire quelque chose »*. Boudant les laboratoires académiques et industriels, les biohackers militent pour la démocratisation de l'accès aux biotechnologies. À la philosophie du « do it yourself », ils ajoutent un engagement pour l'open source, c'est-à-dire le libre accès aux technologies de modification et d'augmentation. Ils militent contre la commercialisation des prothèses, en estimant que c'est une source d'inégalités. Le biohacking apparaît comme une sorte de « transhumanisme de gauche » : s'affranchir des limites du corps pour s'augmenter est toujours un objectif, mais pour les biohackers cette quête de dépassement doit se faire en étant accessible à tous. Valentina Margaria a la conviction que les biohackers auront un rôle important à jouer dans les années à venir pour *« soulever une conscience concernant les opportunités et les risques relatifs aux biotechnologies »*. Le progrès scientifique prenant de vitesse les structures politiques traditionnelles, elle estime que nous devons encourager une culture de *« responsabilité partagée »*. Raison pour laquelle, en *« ouvrant les portes de la recherche scientifique aux non scientifiques »*, on valoriserait la participation des citoyens et donc leur conscience. Cela permettrait, en outre, de stimuler le dialogue entre le gouvernement, les institutions et la société civile, au plus grand bénéfice de la science et de l'innovation.

Depuis 2014, le biohacker suédois Hannes Sjöblad organise des « implant parties » à Stockholm. Au cours de ces soirées, des volontaires viennent se faire implanter des puces électroniques RFID (radio frequency identification), sous la peau, entre le pouce et l'index. Ces puces permettent de remplacer les clefs, les cartes d'abonnement aux transports, etc. Bien que restant encore assez confidentielles, ces soirées se développent de plus en plus à travers le monde.

Arborant lui-même l'une de ces puces, Hannes Sjöblad se définit comme un militant pour la démocratisation de l'utilisation des biotechnologies. Il partage avec les transhumanistes la certitude que nous sommes déjà dans une période de transition au cours de laquelle les frontières entre l'Homme et la machine se troublent. Pour lui, le corps humain du futur et ses capacités seront fondamentalement différents. Lorsque nous lui demandons, au début de la discussion, la façon dont il résumerait son travail, sa réponse est très claire : *« Je travaille à augmenter l'humanité. Le corps humain est un bon départ, mais il y a tellement que nous pouvons améliorer : le fait que nous vieillissons et mourrons, que notre univers sensoriel est limité, que nos cerveaux sont limités en termes de mémoire et de capacité de traitement, et le fait que nous portons des désirs primitifs et destructifs menaçant notre propre survie. »*

***

Une puce électronique est implantée entre votre pouce et votre index. Qu'est-ce que cet implant a réellement changé dans votre vie ?

Cette puce a des usages pratiques tous les jours : ouvrir des portes, obtenir des points d'adhésion, etc. Mais en définitive c'est aussi une déclaration. Une déclaration d'intention. On peut observer que la technologie et l'intelligence artificielle se développent de façon exponentielle, alors que la biologie et l'intelligence humaine se développent de façon linéaire (au mieux). Il est facile d'envisager un scénario dans lequel l'intelligence artificielle surpasse l'intelligence humaine. Cela nous laisse deux options, soit nous restons sur notre courbe biologique et acceptons de quitter bientôt la partie, soit nous nous augmentons au moyen de la technologie et rejoignons la courbe exponentielle du développement technologique. Dans ce cadre, j'ai choisi le chemin de l'augmentation. L'implant dans ma main n'est que la toute première étape de ce voyage, tout comme le château de sable d'un enfant est la première tentative pour construire une tour Eiffel.

Ne craignez-vous pas que votre vie privée puisse être compromise par le fait d'avoir un corps connecté en permanence, par le biais de cette puce ? Que se passerait-il si

elle était hackée ?

Pas du tout. Ma puce électronique peut seulement être lue de très près et ne contient pas d'informations de nature fondamentalement privée. Êtes-vous inquiets que votre carte de gym soit hackée ? J'en doute. L'intérêt des implants d'identification est qu'ils portent la promesse de créer un bien meilleur système de protection de la vie privée que les piètres cartes d'identité en plastique, ou identifiants et badges variés, qui sont aujourd'hui les standards. La technologie d'implantation a tous les atouts de l'identification biométrique au sens où elle est toujours disponible et n'est pas gênante. Ceci, tout en ne comprenant pas les faiblesses fondamentales de la biométrie, car elle est encodable et changeable. Ma vision ultime est que, dans les années à venir, les implants de cartes d'identité encryptables seront la norme, que cela va initier un nouveau standard et constituer une grande bénédiction pour la vie privée.

Les possibilités d'augmentation vont probablement fleurir dans les années à venir. Quelles seront les prochaines étapes selon vous ?

J'investis activement dans des startups qui développent des technologies d'augmentation de l'humain et je constate qu'il y a déjà énormément d'initiatives dans ce domaine : des solutions de paiement, de protection de la vie privée, de surveillance de la santé et, bien sûr, des solutions esthétiques. Ces technologies existent déjà et sont utilisées. Socialement et moralement, je sens que la société est prête et que la demande est forte. L'étape suivante est simplement de concevoir et valoriser des propositions adaptées aux utilisateurs, afin que nous puissions mettre ces solutions innovantes sur le marché. Personnellement, je suis intrigué par les technologies qui étendent l'univers sensitif de l'humain. Il y a tellement de beauté qui nous échappe dans le monde, simplement à cause de notre univers sensitif irritablement limité.

Quel est le futur du biohacking ?

On entend que, dans beaucoup d'emplois, l'intelligence artificielle remplacera l'Homme. Mais laissez-moi vous dire que ce ne sera pas le cas des biohackers. Nous sommes aujourd'hui à l'avant-garde des modifications corporelles par la technologie. Beaucoup d'idées et de projets appartenant au monde du biohacking seront, demain, des produits grand public proposés par de grandes entreprises, dans cinq ou dix ans. C'est vraiment le bon moment pour être impliqué dans ce champ dynamique et très créatif qui est en train d'émerger.

Quelle augmentation potentielle vous attire ?

Si je devais imaginer une augmentation particulièrement intéressante, ce serait des lentilles augmentées intelligentes que nous glisserons sur nos yeux et qui nous donneront des informations sur le monde qui nous entoure. Quel est le nom de cette fleur ? Est-elle comestible ? Quelle est l'histoire de ce bâtiment ? Qui a vécu là et qui y vit aujourd'hui ? Dans le supermarché, quel produit a été fabriqué de façon éthique et durable ? Qu'est ce que ce signe chinois signifie ? La meilleure chose avec cette technologie, c'est qu'elle existe déjà et que l'on peut s'attendre à les porter dans un futur qui n'est pas particulièrement lointain.

Concept art tiré de Deus Ex, tout comme les trois images suivantes. (© Eidos / Deux Ex)

DEUS EX
Le jeu vidéo qui plonge
dans un futur transhumaniste

2027. Adam Jensen (image ci-contre) travaille comme chef de la sécurité pour une multinationale spécialisée en biotechnologies. Sa vie est bouleversée lorsque des terroristes attaquent le siège de l'entreprise. Gravement blessé, une grande partie de son corps doit être remplacée par des prothèses cybernétiques. Ces greffes lui confèrent des améliorations qui vont faire de lui un agent augmenté. Tel est le point de départ du jeu vidéo *Deux Ex : Human Revolution*.

Vision améliorée, jambes capables de courir à une vitesse surhumaine, bras qui peuvent envoyer des projectiles à 360°… Chaque augmentation est utilisable par le joueur comme une arme ou comme atout tactique. Le transhumanisme sert ici de support à une utilisation ludique du principe de l'humanité augmentée. Au-delà d'un simple jeu d'action futuriste, les développeurs ont construit un monde rempli de problématiques sociopolitiques. Dans le futur de Deus Ex, le transhumanisme est devenu un modèle de société. La technologie domine le quotidien et la science peut guérir toujours plus de maladies, ce qui permet aux multinationales de s'octroyer un pouvoir qui dépasse de loin celui des États. Une « mégacorporation » se distingue : Sarif Industries. Cette dernière développe avec succès des augmentations biotechnologiques, qui servent dans un but médical… ou simplement par confort, pour le plaisir d'améliorer certaines capacités. La société transhumaniste made in Deus Ex est bien loin d'être utopique. Pour contrer le rejet des augmentations biotechnologiques par le corps, les scientifiques inventent un produit : la neuropozyne. En plus d'être excessivement cher, ce médicament s'apparente à une drogue qui rend addict. Les augmentations génèrent également des inégalités sociales : les « augmentés », pourtant minoritaires, forment une nouvelle classe sociale supérieure. Face à eux, les humains non-augmentés sont soit trop pauvres pour s'offrir des augmentations, soit moralement opposés à cette idée. Progressivement, un conflit naît entre ces deux franges de la société. La situation explose lorsque les prothèses cybernétiques du monde entier sont hackées. Les augmentés deviennent « fous » à cause de ce piratage, générant un chaos temporaire.

Dans l'opus suivant, *Mankind Divided*, on retrouve Adam Jensen deux ans après ce piratage. Les joueurs découvrent que cet événement a reconfiguré les divisions sociales. En 2029, les augmentés sont maintenant exclus par l'opinion publique. C'est ce que les scénaristes ont appelé un « apartheid mécanique » : les transhumains sont victimes d'une forme de racisme et sont ostracisés dans des ghettos où ils ne vivent qu'entre eux. Entre des actes de violence populaire contre les augmentés, et les actions rebelles de ces derniers, le monde est plus divisé que jamais. Jean-François Dugas, directeur exécutif du jeu, et André Vu, directeur de la franchise, nous plongent au sein du processus créatif qui a façonné ces jeux vidéo *Deus Ex*.

DEUS EX
MANKIND DIVIDED™

BOB PAGE
CONCEPT ART

53

***

Qu'est-ce qui rend le transhumanisme particulièrement adapté comme background pour concevoir un jeu vidéo ?

Jean-Francois Dugas : Le transhumanisme a le vent en poupe. Lorsqu'on regarde les innovations scientifiques, médicinales ou technologiques qui sont apparues et qui se sont démocratisées dans la dernière décennie des années 2000, il n'est pas exagéré de dire que nous vivons déjà dans un monde transhumanisé. À partir de là, cela devient donc très stimulant quand on est concepteur de regarder comment toutes ces percées mènent à des résultats de plus en plus concrets. Cela nous permet d'explorer et d'anticiper où et comment tous ces développements peuvent se manifester – au niveau des relations personnelles, sociales, professionnelles. Dès lors, et de façon assez naturelle, cela ouvre la voie à une exploitation du sujet en *gameplay* : on peut imaginer toutes sortes d'améliorations potentielles qui pourraient faire partie du coffre à outils du soldat de demain. Au niveau narratif, il est intéressant d'aborder l'aspect moral d'une telle évolution sociétale (avec les choix à faire et les conséquences qui s'y rattachent). Visuellement, le transhumanisme donne la possibilité d'explorer une multitude de mythes et de symboles très inspirants pour créer une expérience très conceptuelle. C'est la version longue de la réponse, mais j'aurais très bien pu répondre que le transhumanisme est adapté pour un jeu vidéo par le simple fait qu'il parle de nous comme espèce. Et comme l'être humain aime beaucoup parler de lui-même à travers sa beauté, sa complexité, ainsi que ses paradoxes, cela donne vie à une base riche pour s'inspirer.

Andre Vu : Il y a maintenant dix ans de cela, lorsque nous avons proposé de ressusciter la franchise *Deus Ex*, le transhumanisme n'était pas encore à ce point un sujet populaire. Il y avait peu de productions majeures qui mettaient en avant ce sujet. Nous avons vu les choses différemment : nous avions une chance de proposer un jeu, une expérience immersive de qualité, qui aurait redonné de la noblesse au cyberpunk[13], si mal représenté. Nous avions observé que les références classiques cyberpunk allaient bientôt être désuètes et nous avions l'opportunité de remettre ce genre au goût du jour. En élaborant une approche plus actuelle, nous avons souhaité proposer une vision fraîche, plus proche de ce que le futur peut nous réserver. Le leitmotiv de *Deus Ex* est d'être une fenêtre vers le futur.

Est-ce qu'il y a des faits de l'actualité technologique et scientifique qui vous ont inspiré des éléments du jeu ? Et, inversement, est-ce que certains des éléments technologiques que vous avez imaginés dans *Deus Ex* ont été rattrapés par l'actualité récente des innovations ?

Jean-Francois Dugas : Avant même de penser à l'histoire de *Deus Ex*, aux améliorations du personnage principal et ainsi de suite, nous nous sommes abreuvés de plusieurs sources d'inspiration. Nous avons regardé des documentaires, lu des livres sur le transhumanisme, regardé et décortiqué des œuvres de fiction qui touchent au sujet. Il était important pour nous de partir sur des fondations solides, de ne pas tenter d'inventer ce qui existe déjà. La chose qui m'avait le plus étonné pendant nos recherches, en 2007, c'était le niveau déjà très avancé de la réalité

---

13 Rappelez-vous notre introduction : le transhumanisme est en partie né à travers l'esprit du cyberpunk.

technologique et scientifique. Il y avait déjà beaucoup de percées dans les recherches universitaires et militaires. Notre approche a été d'amener à la lumière, à travers *Human Revolution* et *Mankind Divided*, les concepts qui étaient déjà en marche au niveau scientifique. Ces temps-ci, je suis un peu moins à l'affût de toutes les dernières percées réalisées, mais tout avance à un rythme tellement ahurissant qu'il n'est pas difficile d'imaginer que la réalité pourrait dépasser la fiction sous peu... probablement bien avant 2027, l'année durant laquelle on évolue dans *Deux Ex : Human Revolution*.

Andre Vu : Nous essayons toujours de calquer notre franchise sur le monde actuel. Nous ne voulons pas « inventer », mais plutôt « extrapoler » ce que notre société pourrait être dans un futur proche. De ce fait, il y a effectivement eu des moments où nous avons été rattrapés par la réalité. Il suffit de voir les progrès dans les technologies bioniques, en particulier pour les bras. L'arrivée d'outils comme les imprimantes 3D a permis de démocratiser le développement de prothèses beaucoup plus avancées, et à un coût de plus en plus abordables pour le commun des mortels.

Nous avions aussi imaginé comment des situations du quotidien pourraient être bouleversées par l'arrivée des « augmentations ». On avait par exemple imaginé un coureur portant des jambes bioniques qui participerait aux Jeux Olympiques, et que cet athlète fictif serait perçu comme trop avantagé par rapport à des humains « purs ». Nous avions proposé ce cas fictif deux ans avant qu'Oscar Pistorius (ancien athlète paralympique) ait tenté de se qualifier aux Jeux Olympiques en 2011. On avait aussi « prédit » la faillite de la ville de Détroit, qui s'est bel et bien produite en 2013. Ce n'était pas la première fois qu'une situation imaginée pour la franchise s'était concrétisée dans la réalité.

Les augmentations de _Deus Ex_ sont très réalistes, visuellement et scientifiquement. Pourriez-vous nous expliquer ce processus de conception qui vous a permis d'aboutir à une représentation aussi fidèle du transhumanisme ? Avez-vous travaillé avec des scientifiques spécialisés en prothétique ou même contacté des transhumanistes ?

Jean-Francois Dugas : Dès le départ, nous nous sommes fixé des objectifs sur la représentation de l'Humain 2.0 avec l'idée de créer une expérience qui soit à la fois ludique et enracinée dans la « réalité ». Nous avons été chanceux, car la science est venue à nous presque par magie ! Nous avons annoncé très tôt, à travers un _teaser_, que nous travaillions sur un nouveau _Deus Ex_. Peu après, nous avons été contactés par un certain Will Rosellini, directeur d'une entreprise travaillant sur des technologies transhumaines. Il nous offrait tout simplement ses services pour nous aider dans l'authenticité de notre jeu. Nous avons sauté sur l'occasion et ce fut le début de notre collaboration. Nous nous sommes rencontrés à plusieurs reprises, afin de présenter nos idées et qu'il puisse les rendre scientifiquement plausibles. Je suis ravi du résultat, car même si certaines des améliorations dans le jeu ne sont pas prêtes de voir le jour, elles reposent tout de même sur de vrais principes scientifiques. C'est ce qui me laisse croire que ce n'est qu'une question de temps (progrès scientifique, résolution de soucis éthiques...) avant que la réalité ne dépasse la fiction.

Andre Vu : La plupart du temps, nous avons en effet été approchés par des scientifiques passionnés de science-fiction. Ils ont d'eux-mêmes souhaité nous aider dans notre démarche de vouloir rendre notre univers le plus crédible possible. Après la sortie de *Deus Ex : Human Revolution* et de *Deus Ex : Mankind Divided*, de nombreux joueurs nous ont témoigné que ces jeux les avaient marqués et qu'ils suivaient désormais des études en biomécanique, en neurosciences ou dans d'autres domaines des technologies de pointe. C'est flatteur et on se sent un peu fiers d'avoir pu aider certains joueurs à trouver leur vocation. Tout récemment, un joueur passionné, qui est aussi chercheur en génétique, nous a contactés pour nous parler des derniers avancements de la technologie CRISPR/Cas9 (ces fameux ciseaux génétiques permettant la modification de l'ADN), car cela pouvait être un sujet passionnant pour notre jeu vidéo.

Nous avons également fait une très belle collaboration avec Open Bionics, ce qui a permis de donner vie à un véritable bras bionique inspiré par celui d'Adam Jensen, notre personnage principal. Cela permet de montrer les avancées les plus récentes et de prouver qu'elles font maintenant partie de notre quotidien, non plus seulement du domaine de la science-fiction.

À la fin de *Human Revolution*, l'histoire se termine par une catastrophe durant laquelle tous les augmentés sont piratés. Leurs augmentations deviennent incontrôlables, ce qui génère un carnage. Qu'est-ce qui vous a donné cette idée ?

Jean-Francois Dugas : L'idée est arrivée assez tôt dans le processus créatif. L'histoire centrale et la thématique du jeu tournant autour du transhumanisme, avec ses bons et mauvais côtés, il était impératif de boucler la boucle de façon dramatique pour ainsi mettre sur la table un choix final difficile. Pendant l'aventure, on explore les deux facettes du débat, la question sous-jacente étant que le progrès est une belle chose pour notre espèce et peut apporter beaucoup de bienfaits, mais qu'arrive-t-il lorsque ces avancées tombent entre de mauvaises mains ? Bien que le transhumanisme ouvre la porte à un futur positif, il pose aussi une multitude de questions sur la vie privée, sur notre dépendance à la science et ceux qui la contrôlent, etc. Notre but n'était pas de faire peur ou de peindre un portrait glauque du transhumanisme, mais bien de faire réfléchir les joueurs qui se sentent investis par le sujet.

Dans la suite, *Mankind Divided*, il existe un apartheid mécanique. Des lois de « retour à l'humain » viennent restreindre les droits des augmentés, qui inspirent la haine et de la crainte, vivant parfois même dans des ghettos. Qu'est-ce qui vous a poussé à imaginer la possibilité d'un nouvel apartheid de ce genre ?

Jean-Francois Dugas : La fin de *Human Revolution* décrit une tragédie où des millions de personnes sont mortes directement ou indirectement à cause de la folie soudaine et inexplicable des augmentés... du moins, du point de vue de l'opinion publique, puisque personne ne connaît vraiment la vérité. Au final, beaucoup en viennent à penser que le transhumanisme ne peut qu'amener des problèmes. *Mankind Divided* est un peu comme le lendemain d'une cuite. Le moment où on se dit : « plus jamais ». Puis, on reprend la forme après quelques jours et on réévalue notre promesse autour d'un verre avec des amis ! En fait, dans *Mankind Divided*, on explore la réaction émotionnelle face à une tragédie qui est beaucoup plus complexe que les apparences ne le laissent croire. Donc, bien que supérieurs en plusieurs points, les augmentés deviennent des parias à cause d'une psychose collective qui s'atténuera éventuellement.

En général, de quelle façon votre communauté de joueurs perçoit le fait d'incarner un humain augmenté comme Adam Jensen ?

Jean-Francois Dugas : Je ne peux répondre pour les joueurs, car la question est assez personnelle. Par contre, j'ai rencontré des gens avec des handicaps physiques qui m'ont dit que *Deus Ex* leur donnait l'espoir que leur avenir pourrait être amélioré grâce aux avancées scientifiques. D'autres m'ont écrit pour me confier que grâce à *Deus Ex : Human Revolution*, ils ont trouvé leur voie dans la vie : aider les gens en devenant médecin ou encore chercheur.

Pendant longtemps, les jeux vidéo étaient perçus comme n'étant que du divertissement, mais on sent que *Deus Ex* est un peu plus, avec cette volonté de mieux cerner les enjeux des technologies et du transhumanisme en se plongeant littéralement dans un tel futur. Pensez-vous que les jeux vidéo sont un vecteur privilégié de réflexion sur notre avenir technologique ?

Jean-Francois Dugas : Les jeux vidéo, outre leur aspect ludique, peuvent être de véritables véhicules pour une multitude de sujets. Pour moi, les technologies et le transhumanisme ne sont que des sujets parmi tant d'autres. Les jeux ont ce pouvoir d'amener l'audience au plus profond d'elle-même, puisque l'interactivité permet une expérience émotionnelle (même si d'autres veulent juste s'amuser). Les jeux ont le potentiel de donner les deux à la fois et c'est ce qui me stimule comme développeur.

Andre Vu : Nos fans apprécient beaucoup le fait de pouvoir explorer un univers riche qui pose de véritables questions politiques et sociales. Ce sentiment est renforcé par la liberté de style de jeu qu'offre *Deus Ex*, ainsi que par les choix faits par les joueurs au cours de l'aventure, qui ont systématiquement des conséquences. Tous les jeux vidéo ne sont pas forcément destinés à proposer une réflexion profonde, il ne faut pas oublier que c'est avant tout, certes, un divertissement. Mais j'estime qu'il est important que des jeux plus introspectifs existent aussi.

CRISTINA LINDENMEYER
psychanalyste spécialisée dans l'humanité augmentée

*

S'augmenter pour combler un sentiment d'impuissance

Depuis le début de ce numéro, nous avons évoqué à plusieurs reprises le fait que les objectifs, croyances et idées transhumanistes font écho à des désirs profondément inscrits chez l'être humain. Pourquoi ces désirs semblent-ils trouver une réponse inédite à travers les sciences et technologies ? Quelles sont les motivations conscientes et inconscientes des transhumanistes ? Comment pourraient bien se sentir, en leur fort intérieur, des « humains augmentés » ? Pouvons-nous vraiment nous télécharger, modifier nos corps, sans perdre ce qui fait de nous des humains ? Ces questions en appellent à la psychanalyse. Et s'il y a bien une personne en France qui peut y répondre, c'est Cristina Lindenmeyer, l'une des rares psychanalystes à être spécialisée dans l'humanité augmentée. *« Au départ, je travaillais sur les transformations corporelles dans le champ des maladies somatiques et des troubles alimentaires. Ensuite, j'ai été amenée à développer un travail de recherche sur la chirurgie esthétique, sur ce qui pousse à pratiquer ce type d'interventions »*, nous confie-t-elle. Au départ, ses premiers travaux n'ont pas grand-chose à voir avec l'humanité augmentée et le transhumanisme, mais ils avaient déjà un lien avec le principe de modification corporelle. C'est alors que le pôle de recherche « Santé connectée et humain augmenté », de l'Institut des Sciences de la Communication du CNRS[14], lui propose de participer à une recherche sur les prothèses de réparation et de performance. *« Les techniques qui permettent de réparer l'Homme sont aussi celles qui peuvent l'augmenter. J'ai découvert tout l'intérêt de ce champ de recherche, qui permet de réactualiser des postulats de la psychanalyse. Dès 1929, Freud évoquait le sentiment d'impuissance des hommes. Il pensait que le développement des objets technologiques et des connaissances scientifiques procurerait à l'avenir aux humains la sensation d'être des dieux prophétiques. C'est une idée visionnaire, puisqu'elle envisage le courant transhumaniste. »* Cristina Lindemeyer estime que le transhumanisme repose en grande partie sur des illusions inhérentes à la construction psychologique de l'être humain.

***

L'ENTRETIEN

Qu'est-ce qui pousse l'être humain à vouloir se réparer et s'augmenter ?

Le désir de se réparer ou de s'augmenter est inhérent à la construction psychique de la personne humaine. Ce désir débute à partir du sentiment d'impuissance du nourrisson. Nous arrivons au monde au bout de neuf mois, mais sans la possibilité de pouvoir y évoluer tout seuls. Ce nourrisson va être habité par l'excitation du fait d'être vivant, mais il ne peut rien contrôler lui-

---

14 Ce pôle est piloté par Jean-Michel Besnier, un philosophe français qui a publié de nombreux ouvrages sur le transhumanisme, notamment *Demain les posthumains : le futur a-t-il encore besoin de nous ?* et *L'Homme simplifié* chez Fayard.

même. Il a besoin d'un autre pour lui porter secours, pour le prendre en charge. Cet autre est la mère, ou en tout cas le parent qui le materne. Cette rencontre avec cette personne, qui peut l'assister, va l'apaiser. Ce premier apaisement génère une forme de plaisir qui va laisser une trace. Cela va construire le fait de désirer, la quête de la satisfaction. L'humain va alors en permanence chercher à retrouver ce plaisir initial et va être habité par des pulsions en ce sens. Or, ce plaisir initial n'est jamais retrouvé. Il va rencontrer sans cesse des limites : la mort, la maladie, le vieillissement. À partir de ce sentiment originel d'impuissance, il va ressentir la nécessité de s'emparer d'objets auxiliaires, dont le but est de contrebalancer ses défaillances. Au fond, la démarche de vouloir *réparer* et/ou *augmenter* son corps avec une prothèse a toujours existé et nous pouvons dire que, pour l'humain, la première prothèse est la mère.

C'est sur ce terrain infantile que s'organise la politique technique et technologique basée sur la promesse de nous guérir de nos défaillances. Pour les transhumanistes, la technologie est presque comme un Salut, comme si elle allait nous permettre de rencontrer cet état de plénitude qui a existé pendant quelques minutes avec la mère.

Ce mouvement considéré comme un « progrès » ne masquerait-il pas une régression fantasmatique ? Ce progrès transhumaniste, en plaçant toutes les réponses dans la technologie, évacue le plaisir de devenir grand et indépendant. Cela s'inscrit dans une promesse, fondée sur des illusions infantiles, et notamment celle qu'un appareil quelconque pourrait venir remplacer le fait de rencontrer des limites. Les transhumanistes pensent que les nouvelles technologies pourront trouver des solutions à tout. Ils nous renvoient en miroir nos désirs et illusions de l'enfance. L'être humain est complexe : quand nous étions des enfants nous rêvions d'être grands, quand nous devenons adultes et grands nous rêvons de redevenir des enfants...

Cette volonté d'amélioration de la condition humaine est donc le résultat d'un « manque » à compenser ?

Oui, cette volonté de réparation est liée au sentiment originel d'impuissance du nourrisson et à son expérience du manque. On a créé la technologie pour venir apaiser ce manque inhérent à notre condition. Sauf que là où est l'illusion, c'est que cet apaisement ne se maintient jamais, il nous rattrape à travers les aléas de notre vie. Et heureusement, car ce sont les manques qui permettent d'avoir la volonté d'avancer, de progresser, de créer. Toutes ces défaillances humaines nous poussent à trouver des solutions innovantes pour vivre... si nous ne sommes plus confrontés aux aléas de la vie, nous perdons ce moteur venant motiver nos désirs.

Mais l'idéologie transhumaniste est pourtant obsédée par l'idée de trouver un moyen de nous débarrasser de ces aléas et de ces manques. Pour eux, la nature humaine, étant donné qu'elle vient avec toutes ses défaillances, est un handicap à éliminer. Ils veulent créer de nouveaux êtres [les posthumains] qui pourront dépasser la maladie, la mort, le vieillissement. Il ne faut cependant pas y voir là l'unique marque d'une lutte contre la finitude et les limites de l'humain. En fait, ils entretiennent une vision simpliste de quelque chose de complexe : le corps n'est pas une machine, il est le lieu d'une histoire qui se tisse à travers les sensations. Si nous perdons de vue cela, nous faisons de nous des objets, nous devenons des robots.

Quels seraient les effets secondaires potentiels d'une humanité augmentée ?

Il ne s'agit pas de mésestimer le gain apporté par des techniques offrant aux individus des traitements qui leur restituent un espace d'autonomie, mais force est de constater que ces mêmes techniques les engagent simultanément dans un mouvement de « dépendance technologisée ». En clinique, nous observons l'apparition croissante de symptômes non prévus par ces transformations. Cet état « hybride » entraîne les patients dans un corps à corps avec la technique, provoque des expériences corporelles et fantasmatiques nouvelles, dont nous ne connaissons pas encore tous les enjeux. Il y a un flot de questions complexes... et des réponses que nous n'avons pas encore concernant les effets à long terme. Les défaillances de la condition humaine font aussi sa force. Or, comme nous l'avons dit précédemment, les transhumanistes sont en guerre contre ces défaillances... sans voir qu'au moment où on essaye de les liquider d'un côté, elles vont réapparaître de l'autre côté sous forme de nouveaux symptômes. Le corps humain ne peut pas être vu comme une machine dont on peut réparer et changer les pièces. Quand on corrige un manque, on en développe d'autres. Par exemple, le plus visible de nos jours est l'addiction : si on perd notre téléphone portable, nous sommes en situation d'angoisse.

Un autre exemple, pour illustrer l'idée, serait le cas d'Oscar Pistorius, cet ancien athlète qui a des jambes en prothèses de carbone. Initialement, il était quelqu'un d'handicapé, mais avec cette réparation prothétique, il est devenu ultra-performant, l'un des sprinteurs les plus rapides au monde. C'est un bon exemple d'augmentation de la capacité humaine. Sauf que, certes, il courrait plus vite que tout le monde... mais dès qu'il s'arrêtait, il tombait. Ces prothèses lui donnaient l'illusion d'augmentation, lui permettaient le temps de la course d'être meilleur que les autres, mais une fois qu'il s'arrêtait, impossible de rester debout. Autrement dit, quand on gagne d'un côté, on perd toujours de l'autre.

Peut-on imaginer chez certaines personnes un rejet psychologique de la fusion de leur corps avec des technologies ?

Cela existe déjà. Les médecins se heurtent parfois à un paradoxe relatif aux effets de l'appareillage sur les patients. La situation se résume ainsi : l'intervention est techniquement réussie, mais insatisfaisante du point de vue des effets sur le patient, l'amenant parfois à des formes variables de rejet jusqu'à demander dans certains cas à être « désappareillé ». Cet écart entre l'efficacité technique et l'aspect inattendu de ses effets subjectifs démontre la force de la dimension humaine, qui résiste, qui revient toujours.

Ces rejets permettent d'introduire la nécessité d'une prise en compte de la dimension subjective dans ces situations. Quand quelque chose est modifié, transformé dans ce lieu qui est le corps, cela va nécessiter de la part de l'humain un temps de reconfiguration interne. Cela ne se fait pas forcément de façon facile, parfois c'est insupportable. Dans ces cas, la technologie peut même être perçue comme une effraction dans le corps. Le processus est similaire à celui d'une maladie, qui nécessite un temps de récupération pour aller mieux.

Les transhumanistes boudent ce corps des sensations, ils voient le corps comme une chose inerte. Cependant, la pratique clinique nous démontre souvent le contraire. Il est le lieu d'une histoire.

Concernant le corps, justement, une frange importante du transhumanisme promeut le « mind uploading », qui permettrait à l'humain de se télécharger dans des ordinateurs, pour vivre dans des univers virtuels. Comment serait vécue une telle situation sur le plan de la psyché humaine ?

Cela générera un profond mal-être. En se téléchargeant, on sort de son corps, donc on se détache par la même occasion de tous les plaisirs qui s'inscrivent dans le corps (excitation, apaisement…). Le virtuel est un contexte apathique, désensualisé. Or, ce serait un avatar virtuel de notre personne qui évoluerait dans ce monde… donc toutes les sensations qui viennent du fait d'habiter notre corps disparaissent. C'est une drôle de façon d'être dans le monde, car on n'est pas vraiment dans le monde. Les transhumanistes pensent le corps comme étant un objet encombrant, ils en oublient les plaisirs. S'il n'y a plus de corps habitable ou qu'il est complètement réparé comme s'il s'agissait d'une voiture, ils perdront toutes les sensations faisant que l'humain est ce qu'il est.

Le discours transhumaniste et sa volonté de maîtriser tous les paramètres du vivant nous berce d'illusions de toute-puissance. Observez un enfant de 2 ans à la plage, qui va mettre sa main face à la vague qui vient comme s'il pouvait l'arrêter. Il est persuadé qu'il peut l'arrêter, mais peu à peu, ce sentiment de toute puissance va rencontrer des limites, c'est ce que nous appelons dans notre jargon la « rencontre avec la castration ». Autrement dit, c'est l'acceptation qu'il ne peut pas tout. Les croyances transhumanistes, nourries par les progrès technologiques, sont dans ce registre de la toute puissance où les limites du corps sont brouillées.

Vous dites en fait que l'on ne pourrait pas se télécharger dans des ordinateurs sans perdre quelque chose de fondamental…

Chaque corps porte en lui toute une histoire depuis sa naissance. Toute modification d'un corps nécessite un changement de récit de ce même corps. Le problème, c'est que le discours transhumaniste tend à dire que cette reconfiguration n'est pas problématique, parce que le corps est une matière que l'on peut remodeler à l'infini. La pratique clinique nous montre que cela ne se passe jamais comme cela, il y a toujours des effets sur la personne humaine. En se téléchargeant, nous perdons notre corps et ses limites, donc nous perdons notre histoire. C'est cette histoire en nous qui génère nos défauts, lesquels révèlent que nous sommes bien plus complexes que simplement des « zéros et des uns ». On ne peut pas devenir des êtres algorithmiques sans *ne plus être*.

Dans une société où des humains augmentés côtoieraient des humains non-augmentés, comment se sentiraient ces derniers ?

Les « non-augmentés » seraient mal à l'aise de voir les « augmentés » être dans une illusion d'augmentation… Mais cette question soulève un autre aspect qui est d'ordre économique. Au désir inhérent à l'humain de vouloir se réparer ou s'augmenter viennent s'allier les recherches technoscientifiques et le domaine de la finance. Les grands entrepreneurs du numérique, les GAFA, investissent en effet massivement dans le projet transhumaniste. Ne soyons pas trop éblouis par les stratégies d'enchantement de leur démarche, au risque de ne pas voir les inégalités que cela peut creuser. Entre innovation et aliénation, scientificité et illusion, ces nouveaux moyens technoscientifiques de « traitement » du malaise humain doivent faire l'objet d'une réflexion interdisciplinaire urgente.

PARTIE 3

« Très humain » plutôt que « transhumain » ?

avec Alain Damasio

Cristina Lindenmeyer n'est pas la seule à avoir envisagé les dangers humains liés aux sciences. Alain Damasio, l'un des plus grands noms de la science-fiction française, est également un penseur critique des nouvelles technologies.

À l'âge de 22 ans, il a mis un terme à ses études et s'est isolé pour s'abreuver de philosophie politique : Nietzsche, Deleuze, Spinoza, Foucault… Lorsqu'il prend la plume à son tour, ces auteurs ne sont jamais bien loin. Ses écrits d'anticipation politique sont signés d'une plume incisive et poétique. L'intrigue de son premier roman, *La Zone du Dehors* (2001), se déroule en 2084, dans la cité de Cerclon, située sur un satellite de Saturne. Damasio s'inscrit alors dans l'héritage dystopique orwellien en dressant le portrait terrifiant d'une société de surveillance de masse. Un héritage qu'il réactualise en ce qu'il y dénonce les régimes sociaux-démocrates contemporains, leur tendance à tracer et contrôler les individus. À Cerclon, les habitants sont incités à s'épier et à se comparer sans répit. Damasio pointe ainsi l'une des dérives possibles des nouvelles technologies : la réduction des marges de liberté et la normalisation des comportements. Dans le futur qu'il décrit, les seules issues sont d'entrer dans la norme ou de se rebeller. Ce second choix est celui des militants de « La Volte ». Ce mouvement subversif mène des actions de révolte contre l'oppression du système, et met aussi en place des « voltes », c'est-à-dire des modes de vies alternatifs permettant de retrouver la vitalité perdue dans cette société sclérosée.

Alain Damasio dénonce les effets pervers d'un usage excessif et irréfléchi des nouvelles technologies. Écrivain engagé politiquement à l'extrême-gauche, ses écrits sont l'expression de son combat pour défendre des *« forces de vie »*. Pour lui, notre monde est dévitalisant et les êtres humains, en s'entourant de smartphones, tablettes, ordinateurs portables… s'enferment dans des « techno-cocons » qui leur font perdre en intensité.

S'il a choisi la science-fiction, c'est parce qu'elle lui permet d'explorer des possibilités infinies et d'interroger la façon dont la technologie *« modifie notre rapport à nous-mêmes, aux autres et au monde »*. Pour lui, dans nos sociétés *« anthropotechniques »*, l'Homme se construit, se constitue et se réinvente par la technologie. Or, aujourd'hui, alors que la technique n'a jamais été aussi présente, la science-fiction est ce qui permet le mieux d'anticiper son impact sur nos vies et de pointer les dérives possibles. Au-delà de son activité d'écrivain, Alain Damasio est donc devenu un penseur incontournable de l'usage des nouvelles technologies. Lors d'une intervention à TedX Paris en 2014, il a dressé un portrait critique du mouvement transhumaniste. Selon lui, à vouloir augmenter nos êtres par la technique, jusqu'à défier la mort, nous risquons de perdre ce qui fait précisément notre humanité.

Quand on imagine une humanité augmentée, on pense à ce que cela nous apporterait : des capacités physiques et mentales accrues par les technologies. Mais est-ce que l'on pourrait y perdre également quelque chose ?

C'est toute la perversion, savamment construite et soutenue, du débat sur le transhumanisme que de l'envisager sous forme d'un gain et exclusivement d'un gain. « L'homme augmenté » est en soi un mantra marketing qui masque mal, pourtant, l'humain nécessairement appauvri, ou pire, l'être vivant démis et dépris de ses capacités propres.

En tant qu'écrivain de science-fiction, ce qui m'intéresse hautement, c'est d'abord la façon dont l'Homme réinvente sans cesse ce qu'il est par la technologie. C'est le type d'être humain que nous sommes en train de fabriquer. On voit bien ce que la techno nous donne : une maîtrise. Un pouvoir accru sur le monde, notre monde, particulièrement anthropisé. Mais est-ce que, plus subtilement, plus profondément aussi, nous ne sommes pas en train d'y perdre quelque chose, comme vous vous le demandez ? Quelque chose de très personnel, de très précieux, et que nous pourrions appeler, à la façon de Spinoza, notre *puissance* ? Notre puissance de vivre et d'agir par nous-mêmes, avec nos propres forces. Notre puissance d'éprouver le monde avec nos corps et nos cœurs, de persévérer dans notre être, pour reprendre la belle expression de Spinoza. Mine de rien, nous commençons à avoir un recul sur la façon dont l'Homme se ré-élabore par la technologie. Nous avons par exemple un début de vision au sujet de l'impact du téléphone portable sur la sociabilité et la disponibilité au monde. Sur la fragmentation de l'attention, la régression fusionnelle, l'incapacité à couper, les mécanismes addictifs de réassurance, le nombre hallucinant de consultations compulsives du smartphone par jour chez un adolescent ou un adulte fragilisé, etc.

Pour prendre quelques exemples simples :

→ Quand je cours avec des capteurs qui égrènent ma tension et mon pouls, est-ce que je ne suis pas en train de perdre ce rapport direct et intime avec mon corps, mes muscles, mon souffle qui fait sa vraie puissance ? Est-ce que je ne me coupe pas, subrepticement, d'une perception précieuse de ma vitalité en la faisant transiter par un besoin de mesure, de lecture extérieur de soi ?

→ Quand j'entre dans une ville nouvelle et que je délègue au GPS le pouvoir de me guider, est-ce que je ne diminue pas, à terme, ma puissance de m'orienter ? Ma faculté à faire monter la ville en moi, à la faire exister en chair et en volume ? À y mémoriser les circulations, l'espace, la place d'un café ? Est-ce que chercher la bonne route ne construit pas un savoir de la ville qui m'est bénéfique et qui m'attache à elle ?

→ Quand je parle à une Anglaise avec mes mots français traduit automatiquement par mon smartphone, je crois augmenter mon pouvoir de communiquer mais est-ce que je ne perds ma puissance de parler, d'échanger, d'interpréter un geste ou un sourire, d'être réellement là au bord d'une langue que je maîtrise mal, certes, mais dont l'étrangeté même me donne la force et l'envie d'aller vers l'autre ?

Si l'on pose le pouvoir, conceptuellement, comme la

capacité de « faire faire », de déléguer l'action, alors que la puissance serait, plus intimement, la capacité de « faire » (déployer l'action par soi-même, directement)… on dispose, il me semble, d'un critère précieux pour tenter de conduire nos vies dans cette bulle bruissante d'outils qui nous enveloppe.

Pour essayer de synthétiser : mon intuition est que l'accroissement de pouvoir que nous a apporté la technique est allé de pair, jusqu'à très récemment, avec un accroissement de notre puissance. Il a ouvert et dynamisé nos facultés. Mais il y aurait désormais comme un croisement des courbes, où l'accumulation massive des pouvoirs qu'on nous propose se paierait, comme une ombre portée, d'une diminution de notre puissance, et même d'une forme latente et grave de dévitalisation.

Dans votre nouvelle *C@ptch@*, vous mettez en scène le téléchargement d'enfants dans un réseau. Ils deviennent des êtres dématérialisés n'existant que par ce réseau. Quel serait l'impact d'une humanité augmentée, toujours plus dématérialisée, sur les relations humaines et les interactions sociales ?

Le projet transhumaniste, à part peut-être en France où il existe des courants transhumanistes « de gauche » qui tentent de penser le social, est un projet férocement individualiste, parfaitement égocentré. D'essence libertarienne. Il vise l'augmentation de soi, au mieux de sa famille et de ses proches. Et il est clairement clivant financièrement. C'est un mouvement pensé et destiné aux riches, aux très-riches, à ceux qui pourront payer les technogreffes, les entretenir, les réparer, les updater. Qui vampiriseront les ressources de la planète pour ça. Par conséquent, si l'on essaie de se projeter vers un futur transhumaniste, on peine à l'imaginer socialement construit, politiquement solidaire et partagé. On pressent bien plutôt une nouvelle forme de guerre civile, de stratifications sociales nettes, de technococons sécurisés à l'extrême. Du cyberpunk trash avec les « bios » non augmentés, la « viande », et les augmentés ultra-minoritaires et favorisés.

Et surtout, les relations humaines ont toutes les chances d'être reléguées au statut d'une gêne ou d'une entrave à la liberté individuelle. Et d'être par conséquent interfacées par des IA personnalisées, telles que Google Home ou Cortana, Alexia ou Siri en ébauchent piteusement l'avenir. À savoir un monde où notre relation première sinon exclusive sera médiée par notre IA, en langage naturel. Une IA qui saura évidemment tout de nous, tout de nos actes, circulations, achats, communication, agenda, fréquence de rapport, etc. Et qui deviendra donc notre meilleur partenaire, à la fois mère, meilleur pote, projection fantasmatique, coach, soutien, selon nos envies. *Blade Runner 2049* le fait pressentir avec la figure de l'hologramme, qui n'est qu'une version cinématographique et visuelle de ce qui nous attend.

Comment imaginer ensuite qu'une relation affective normale ne nous semble pas irritante, avec des gens qui forcément nous résisteront, qui forcément n'auront pas la sollicitude automatisée d'une esclave artificielle ? Serge Tisseron évoque bien les perversions psy que ça suscitera dans *Le jour où mon robot m'aimera*.

Pourquoi les technologies sont devenues si importantes dans nos vies au point qu'une idéologie vienne promouvoir notre fusion avec elles ? Qu'est ce que cela nous apprend sur

l'être humain ?

Cela nous apprend énormément de choses et des choses passionnantes. D'abord qu'il n'y a jamais eu l'Homme comme entité naturelle puis ensuite la technique qui s'y serait surajoutée. L'apparition de l'Homme, au moins du *sapiens*, ne fait qu'un avec celle de la technique. L'Homme ne naît pas, il vient au monde, et il y vient par la technique comme l'a admirablement explicité Sloterdijk en s'appuyant sur Heidegger. La technique de l'insulation qui protège le nouveau-né notamment, la « clairière entr'ouverte » qui aménage un espace filtré face au froid, aux attaques, aux animaux sauvages, etc. L'outil qui distancie notre rapport au monde et autorise sa maîtrise.

Ce que nous vivons est l'aboutissement d'un long processus d'anthropisation ou d'hominisation de notre environnement, dont la ville est l'acmé[15]. Et dont le transhumanisme est un prolongement « naturel » comme colonisation de soi. Il y a eu d'abord la nature, puis la nature filtrée, avec des espaces aménagés et protégés, puis une nature terraformée et intégralement maîtrisée, puis la technologie a défini des espaces virtuels où se loger, des technococons purs de toute agression extérieure, et maintenant, c'est le corps et le cerveau eux-mêmes qui doivent être arraisonnés. Avec ce rêve de fusion, de devenir-machine, d'échapper à la douleur, à la sénescence, à la finitude.

Qu'est-ce que ça nous apprend ? Je crois qu'on ne comprend pas comment cette technophilie peut fonctionner à ce point si l'on ne cherche pas l'agencement de désirs qu'il y a derrière. Si l'on ne dégage pas les ressorts affectifs de notre fascination pour les possibilités d'un smartphone, de la

---

15 L'apogée, le point central du processus.

cryogénisation réversible de nos corps ou d'un ciseau génétique de type Crispr-Cas9. Et au delà, du transhumanisme.

À mon sens, il y a trois grands moteurs à cette pulsion technophile, à ces envies de fusion :

Premièrement, la technologie vient outiller nos paresses, car elle facilite nos existences, elle épouse en nous la loi du moindre effort, on lui délègue l'effort, on lui sous-traite nos fatigues. On a externalisé nos capacités physiques dans la voiture ou l'escalator, on externalise depuis 20 ans nos capacités cognitives : notre mémoire dans les moteurs de recherche, nos capacités d'orientation dans le GPS, notre aptitude à hiérarchiser dans nos applis de planning... Le transhumanisme rêve d'aller plus loin en pluggant[16] de la mémoire vive sur nos neurones ou en améliorant nos circuits neuronaux.

Deuxièmement, la technologie vient conjurer nos peurs, elle vient nous rassurer. Ce qu'on lui demande, c'est de nous aider à gérer et contrôler nos vies. « Souriez, vous êtes gérés ! ». Et la pulsion de surveillance, l'art arachnéen de la trace qui culmine dans l'explosion du Big Data, on ne peut pas le comprendre si l'on ne sent pas qu'on y trouve d'abord un profond besoin de confort et de sécurité. Conjurer le mouvement par la trace qu'il laisse et l'événement par sa prédiction. Conjurer la peur de la rupture, de la solitude et de l'abandon par le continuum communicant. Plus jamais seul. Conjurer le présent par son enregistrement, la singularité d'un homme par son profil archivé. Tenir le monde et en dresser la carte ; l'immobiliser dans la capture et dans le data pour enfin le maîtriser. Faire que tout bouge sans que rien n'arrive.

---

16 Version informatique de « connecter », « brancher ».

Enfin, la technologie vient nous aider à dépasser notre finitude, et c'est là que l'idéologie transhumaniste trouve ses échos affectifs les plus forts. La technologie y devient le bras armé de notre pensée magique, de notre désir d'être dieu, l'arme fatale destinée à subvertir les cadres ontologiques de l'existence incarnée. Être seulement ici et maintenant ? Et pourquoi pas être partout tout le temps ? Hein ? Ben oui ! À la technologie, nous avons d'abord demandé de nous protéger du froid, du danger, de la souffrance, de la maladie, on s'en est servi pour alléger nos petites fatigues, épauler nos limites intellectuelles, agir à distance, et on lui demande maintenant de nous empêcher de vieillir et mieux, plus ultime, de nous libérer de la mort !

À l'horizon transhumaniste, vous proposez souvent d'y substituer un horizon « très-humaniste ». Pouvez-vous nous expliciter votre idée ?

La clé idéologique du transhumanisme est qu'il croit (ou fait croire) qu'il manque à l'Homme quelque chose. Pour ma part, j'ai la tranquille et furieuse conviction que l'être humain a en lui absolument tout ce dont il a besoin pour une vie riche, intense et féconde. Tout est déjà en nous. Nous ne manquons que d'une chose : d'apprendre à aller au bout de ce qu'on peut, sans prothèse, sans ajout, juste par nos propres facultés d'agir, penser, de sentir, de créer. Nous n'avons pas besoin de devenir « plus-qu'humain », mais de devenir plus humain.

Du coup, s'il y a un horizon à poser, ce n'est pas celui, malade et frustré, assisté et clivant, du transhumain. Ce serait plutôt celui, autonome et accessible à tous, du très-humain — c'est-à-dire d'un humain qui déploie dans toute sa beauté ce que la vie lui offre d'exceptionnel. Ce qui implique de chercher à retrouver et à intensifier ce lien avec le vivant qui nous constitue, qui nous traverse et qui nous entoure. Le très-humanisme dont je parle ne serait donc plus pouvoir mais puissance. Il serait à l'image du surhumain de Nietzsche qui a été si travesti : un humain débarrassé de ses forces réactives (ressentiment, peurs, mauvaise conscience, idéal ascétique) et qui cherche à rendre actives ses potentialités propres et natives. Ce serait d'abord trouver un art de vivre dans notre rapport à la technologie. Une sorte d'épicurisme. À chaque technologie qu'on nous propose, il s'agirait de sentir ce que cette technologie vient ouvrir ou fermer dans mon rapport au monde et aux autres. Qu'est-ce qu'elle impuissante et qu'est-ce qu'elle empuissante en moi ? Est-ce qu'elle m'aide à me lier où est-ce qu'elle me coupe, me sépare de ce que je peux ?

Le très-humain, ce serait aussi l'art d'accroître notre surface sensible, notre spectre d'écoute et d'accueil — quand nos vies technophiles sont des shots de stimuli-réactions, des tunnels d'interactions machiniques avec nos applis et nos interfaces. Ce serait aussi de savoir déchirer à la main le technococon qui nous rassure et qui nous gère pour retrouver ce rapport sans interface avec le dehors, l'étranger, l'animal ou la plante, le chaos parfois. Et ce serait aussi retrouver ce rapport à la mort qui rende sensible et vibrant ces deux aphorismes d'Épicure qui sont des guides absolus pour moi : « vis chaque instant comme si c'était le dernier ». Et moins connu, plus précieux encore : « vis chaque instant comme si c'était le premier ». Ce privilège sublime de l'enfant.

Être très-humain, ce serait enfin prendre souci des liens. Liens à soi, à son corps, ses affects, ses perceptions, son imaginaire. Liens aux autres, dans l'empathie, le partage, la solidarité naturelle, les dons et contre-dons, le faire-ensemble et le vivre-avec. Liens au monde, aux espèces qui bruissent, au végétal et à l'animal, à la pluie et à la mer, aux roches et à l'écume, retrouver la sensation de l'air et de l'eau, redevenir disponible, savoir contempler. Comprendre que le vivant est précisément ce qui sait et peut lier, se lier, sans cesse. Et que la technologie est malheureusement souvent un formidable outil pour se couper et remplacer les liens chauds par un ersatz à froid qui s'appelle connexion. Préférer les groupes aux grappes et le collectif au connectif.

Votre vision du futur au sujet des nouvelles technologies s'apparente-t-elle plutôt à une dystopie façon Black Mirror, ou une utopie façon Star Trek ?

À la dystopie, précisément parce que l'époque nous vend de la techneuphorie jusqu'à la nausée. C'est une question de stratégie politique. Dans un monde anti-techno, je promouvrais certainement des utopies techniques et montrerais ce qu'elle apporte de magnifique au savoir et à la création. Mais en 2018, franchement, ce dont nous avons besoin, c'est d'une technovigilance critique.

Vous avez écrit le script du jeu vidéo *Remember Me*, dans lequel une entreprise fait un commerce de souvenirs numérisés. Selon vous, la numérisation de notre vie risque-t-elle de conduire à une société où des éléments de l'humain, comme la mémoire, deviendraient des produits d'un marché commercial ?

Oui, très clairement. Et c'est bien sûr déjà le cas. L'or gris du nouveau monde est nos données, à savoir le cœur de nos actes et les traces qu'ils laissent. Nous vivons sous l'empire des cochons-truffiers du Pig Data. Ils sont omnivores et omniscients.

Et ils nous bouffent l'intimité de nos existences pour la revendre nettoyée et calibrée aux annonceurs. Google a numérisé nos vies pour en faire de la publicité. N'est qu'une immense régie tentaculaire. Nos moindres mots d'amour, nos moindres amitiés en ligne, nos plus insignifiants surfs sont devenus des produits. Nous ne cessons d'être vendus en tranches et minuscules atomes.

PARTIE 4

Les enjeux politiques du transhumanisme

Le transhumanisme propose une nouvelle humanité, dont l'avènement ne pourrait qu'être synonyme d'un tout nouveau modèle de société. La problématique du régime politique que cela pourrait générer est d'autant plus importante que, ces dernières années, le mouvement transhumaniste a pris une nouvelle dimension, en sortant des laboratoires scientifiques, des incubateurs de startups et des cercles philosophiques. Ce sont bel et bien des partis politiques transhumanistes qui naissent à travers le monde. Aux États-Unis, Zoltan Istvan, leader du Parti transhumaniste américain, s'est présenté aux élections présidentielles de 2016. Il était décrit par le journal Le Monde comme *« le candidat de la vie éternelle »*. Ces nouvelles organisations politiques se dotent de programmes complets, au sujet de toutes les politiques publiques, mais en mettant systématiquement les sciences et technologies en avant comme fondement et objectif du travail politique.

Pour la bioéthicienne Béatrice Jousset-Couturier, *« l'arrivée des nouvelles technologies retentit obligatoirement sur la gestion du social, car elles modifient nos habitudes, changent les paramètres du vivre ensemble. Le rôle des politiques va être de réguler et gérer ces évolutions, de définir le sens et les finalités des recherches, de contrôler les dérives, de revoir les anciennes législations qui ne sont plus adaptées aux nouveaux modes de pensée et de fonctionnement des nouvelles générations.* » Le problème, c'est que les politiques qui dirigent notre société « *sont pour le moment bien absents, la technologie les a dépassés. Il devient de plus en plus dur de se mettre à niveau car elle avance très vite et se complexifie.* »

Un danger pour la démocratie ?

Les écrivains de science-fiction, et plus largement d'anticipation, ont pris à bras le corps ce souci des implications politiques du transhumanisme. Les dérives potentielles sont au cœur de cette littérature. Avec *Le Vivant*, l'écrivaine russe Anna Starobinets a écrit le « *1984* de l'humanité augmentée » : suite à la Singularité technologique, les humains sont devenus des posthumains et sont interconnectés en permanence via des implants neuronaux (comme si nous étions sans arrêt *dans* Facebook, Instagram et Twitter). Les univers virtuels sont prédominants sur la réalité physique. Ce régime comporte trois milliards d'individus – pas un de plus, pas un de moins – et ils sont immortels. Vieillir ? N'y pensez pas, c'est *interdit*. À partir d'un certain âge, lorsque le corps commence à faire faux bond, il est obligatoire d'être euthanasié afin de renaître dans un nouveau corps. Les structures sociales sont immuables, on reste éternellement dans la même classe sociale, à pratiquer la même profession. L'individualisme est tant porté aux nues que le principe de famille a lui aussi été interdit. Comme avec la novlangue imaginée par Orwell, la réalité est modelée par le langage : le terme « mort » est banni, sauf lorsqu'il s'agit de proclamer le mantra du régime : « la mort n'existe pas ». Dans les univers virtuels, il existe un mode où tout est possible, où l'on peut tout modeler à volonté, créer un environnement complet et changer sans cesse de corps. Voilà une sorte de jardin des délices où même la pire torture provoquera du plaisir. L'explication est chimique : la zone du cerveau liée au bonheur est stimulée tandis que les zones liées aux autres sentiments et émotions sont éteintes. Cet univers virtuel est un lieu central de la vie sociale, tandis que la véritable réalité n'attire plus personne. Au fil des pages, les références aux idées transhumanistes sont nombreuses et l'autrice en fait une satire cauchemardesque. Souvenez-vous de la critique évoquée précédemment par Cristina Lindenmeyer, voulant que l'humanité augmentée risquerait de transformer notre corps en une machine dont on pourrait remplacer indifféremment les pièces. Starobinets passe finalement du corps à la société, imaginant la transformation de la civilisation humaine en un ordinateur géant. Ce futur est une froide juxtaposition d'individus faussement autonomes, sans plus de vivre-ensemble ni de réelles libertés sociopolitiques. Chacun n'est qu'une fonction dans un algorithme, dont il ne faut pas dévier au risque d'être considéré comme un bugg… et d'être alors violemment « corrigé ».

Anna Starobinets extrapole les dérives potentielles du transhumanisme pour dépeindre un régime qui a tout de totalitaire. Si *Le Vivant* reste de la fiction, le philosophe Mathieu Terence[17] estime que l'on peut bel et bien considérer les innovations biotechnologiques promues par les transhumanistes comme apportant des « *réponses totalitaires à des questions qu'elles sont seules à se poser* ».

Il précise qu'un monde totalitaire « *ne propose qu'une façon de devenir, en ne promouvant qu'une seule évolution, qu'une*

---

17 Il est l'auteur du pamphlet *Le transhumanisme est un intégrisme,* Éditions du Cerf, 2008.

seule application possible des biotechnologies ». Or, le transhumanisme est justement « *l'utopie de l'économie ultra-libérale* », qui ambitionne une société « *de la fonctionnalité, de la performance, de la valeur quantitative de l'individu, de la prohibition du hasard et de l'anormalité* ». Pour mener à bien ce projet, les transhumanistes annoncent un progrès inéluctable afin « *de rendre inattaquable ce processus d'uniformisation du genre humain* ». Pour Terence, la Singularité technologique n'est absolument pas l'avenir qui attend l'Humanité : « *L'alternative n'est pas, comme cette idéologie veut nous le faire croire, entre progrès et régression, bien et mal, transgression et conservatisme. Mais entre liberté et sécurité, variété et uniformisation, technique et art.* » Pour diffuser sa vision binaire de l'avenir, le transhumanisme « *use d'une rhétorique fallacieuse* » visant à « *donner le sentiment, ou bien le devoir, de faire partie de la caste des élus qui auraient les moyens de s'adapter à ce meilleur des mondes, au risque sinon d'accepter d'être les laissés pour compte de cette belle promesse.* »

Les régimes politiques transhumanistes imaginés par les écrivains de science-fiction ne relèvent pas toujours d'une dystopie aussi cauchemardesque que celle de Starobinets, mais sont toujours caractérisés par une situation d'inégalité et/ou un monde très artificialisé. Le pouvoir y est souvent approprié par une caste (autoproclamée supérieure) de posthumains. La place dans l'échelle sociale se fait en fonction du niveau d'augmentation. Dans le roman *Accelerando*, de l'auteur américain Charles Stross, les êtres humains non-augmentés sont mis au ban de l'Histoire, perçus comme des hommes préhistoriques par les posthumains. Le développement du transhumanisme s'accompagne d'un capitalisme économique effréné et presque violent. Cet ouvrage de Stross est l'un des plus épais sur le sujet : au fil de 600 pages, il décrit l'évolution de l'Humanité avant, pendant et après la Singularité. Dès notre premier échange avec l'écrivain, il nous prévient que sa vision de la Singularité est maussade et qu'en parler avec lui provoquera une *« douche froide »*. S'il avait écrit le roman aujourd'hui, son scénario serait même *« encore plus sombre »*. Il ne voit de toute façon pas *Accelerando* comme un futur optimiste, *« car dans le roman l'Humanité telle qu'on la connaît est menée à s'éteindre. Le transhumanisme en tant qu'idéologie américaine est dans son essence violemment pro-capitaliste et libertarienne, autant qu'implicitement impérialiste »*. Pour lui, les transhumanistes ne sont finalement que des *« hyper-riches qui essaient de se séparer de leur propre humanité, qui ont peur des pauvres, des gens différents d'eux et de la mort. »* Et faut-il craindre la Singularité ? Comme Mathieu Terence, Charles Stross estime qu'il n'y a rien d'inéluctable dans sa survenue. Envisager une quelconque « victoire » de l'intelligence artificielle sur l'être humain relève d'une vision absurde de ce que nous sommes : *« [L'intelligence artificielle] ressemblera à un esprit humain comme un Airbus ressemble à une mouette : ils volent tous les deux, mais les Airbus ne pondent pas. »*

Les critiques science-fictionnelles et philosophiques entrent en résonance avec de nombreux travaux académiques qui tirent la sonnette d'alarme politique sur le transhumanisme. En chef de file, Francis Fukuyama, historien, penseur politique, auteur de *La fin de l'Homme*. Pour lui, le transhumanisme est *« l'idée la plus dangereuse du monde »*, car elle met en péril la démocratie libérale, en menaçant l'égalité, la nature humaine et le bien-être.

Béatrice Jousset-Couturier veut temporiser ces critiques : *« Le risque aujourd'hui est moins la technique que l'humain, car c'est lui seul qui peut avoir le mal comme projet.* » Elle considère qu'il ne faut pas nier la part d'ombre des innovations, mais qu'il s'agit surtout de « *réveiller nos consciences avant qu'il ne soit trop tard pour agir ou réagir. Nous critiquons et condamnons certaines applications dues aux nouvelles technologies, mais soyons honnêtes, nous en sommes les premiers pourvoyeurs, le plus souvent sans nous en rendre compte.* » Elle invite à « *ne pas se dire que c'était mieux avant* », à devenir « *acteur du changement* », car « *le mieux reste à venir* » si nous anticipons suffisamment.

MATHIEU GOSSELIN
membre du Parti transhumaniste britannique

*

Pour un « futurisme social »

En réponse aux critiques envers le transhumanisme, certains membres du mouvement ont décidé de prendre plus sérieusement en charge la question des implications sociales d'un modèle politique qui serait dominé par les sciences et technologies. Au fil de notre enquête, nous avons pu constater que deux principaux courants semblent s'opposer. Les « transhumanistes extropiens » sont ancrés aux États-Unis, du côté de l'Université de la Singularité, des GAFA californiens, du libertarianisme et du capitalisme. Les critiques précédemment évoquées, de Terence à Stross, sont principalement en lien avec ce premier courant. Mais il est possible de repérer un second courant, un peu plus mystérieux et nouveau : le « transhumanisme techno-progressiste », pour lequel l'augmentation technologique de l'humain doit obligatoirement passer par l'amélioration des conditions sociales.

Dans cette veine, le Parti transhumaniste britannique (TPUK) annonce vouloir impulser *« un changement social positif à travers la technologie »*. Fondée en 2015, cette formation politique prend le « futurisme social » pour base idéologique. La notion provient de Amon Twyman, premier leader du parti. Ce dernier assure que, si le modèle capitaliste a permis un développement rapide des nouvelles technologies, il induit des effets pervers non négligeables qu'il faut prévoir et résoudre. Le TPUK fait partie d'un réseau international destiné à promouvoir la création de partis transhumanistes à travers le monde. Les organisations membres de ce réseau défendent, sans surprise, un droit à augmenter son corps par la biotechnologie.

C'est au travers du TPUK que les élections législatives britanniques de 2015 ont vu naître le premier candidat transhumaniste : Dr Alexander Karran. Il n'a obtenu que 0,1 % des voix, mais il a procuré une première visibilité à ce parti. Cela dit, le TPUK ne compte aujourd'hui pas plus d'une centaine de membres et ne se finance qu'au travers de leurs contributions et donations. Dans l'équipe du parti, Mathieu Gosselin s'occupe des relations publiques. À titre personnel, il participe aussi aux rencontres des London Futurists. Ce groupe, où l'on retrouve plusieurs membres du TPUK, organise des conférences et des échanges pour étudier des scénarios crédibles sur le futur. Ils pointent du doigt à la fois les bienfaits et les dangers potentiels des nouvelles technologies. Mathieu Gosselin nous a présenté les objectifs de son parti et les enjeux à venir qui, selon lui, font du transhumanisme une nécessité pour la société.

***

L'ENTRETIEN

Le transhumanisme est originellement une philosophie née à travers les technosciences. Qu'est-ce qui a motivé l'évolution de cette philosophie vers une action politique et publique se concrétisant en parti politique ?

Le monde change à grande vitesse et les responsables

politiques actuels ont une compréhension limitée de l'impact potentiel des nouvelles technologies. La technologie a davantage changé la vie des gens ces dix dernières années que n'importe quelle politique publique a déjà pu le faire sur ce même laps de temps. La mission principale du TPUK est avant tout d'avertir et propager des informations critiques dans le débat public. Nous étions il y a deux ans parmi les seuls à parler du revenu universel et à pointer du doigt des dangers potentiels de l'intelligence artificielle... deux sujets qui sont aujourd'hui partout. Nous voulons continuer dans cette démarche. Il y a peu de chances que notre mouvement ait beaucoup d'élus et accède au pouvoir d'ici peu. Par contre, nous pouvons influencer le débat public et nous avons une vision sur le très long terme. D'ici 20 à 30 ans, le transhumanisme et la question du comment-pourquoi utiliser la technologie sera inévitable.

Comment définissez-vous le « futurisme social » dont se revendique votre parti ?

L'idée principale est que la technologie doit aider l'être humain et non l'inverse. L'une des premières critiques envers le mouvement transhumaniste, c'est que cela pourrait créer des « classes » d'individus, entre ceux qui bénéficient des technologies nouvelles et ceux qui seront délaissés. Il est vrai que certains transhumanistes américains notoires, comme Peter Thiel, sont dans une vision très libérale. Il est vrai aussi que le transhumanisme est une idéologie nouvelle qui cherche encore ses marques sur plusieurs sujets. Sur le plan politique, en particulier, elle doit s'inventer et s'élargir à des problèmes de société. Il faut sortir de l'anthropocentrisme dont le transhumanisme est souvent coupable : oui, investir dans les technologies qui améliorent la santé et l'espérance de vie est bénéfique pour l'individu, mais nous devons aussi réfléchir aux conséquences d'un monde dans lequel l'espérance de vie de la majorité dépasserait les 100 ans. Au Royaume-Uni, nous sommes plus dans une vision sociale. Nous voulons inclure tout le monde dans notre vision, et réfléchir au bien-être collectif.

Le TPUK promeut un accroissement de la démocratie et du bien-être de l'humanité via les technologies. Par quels types de changements politiques et sociaux concrets le transhumanisme pourrait aboutir à ce résultat ?

Nous promouvons une approche « rationnelle » pour faire avancer la société. Souvent, la gauche et la droite débattent sur des politiques sans avoir vraiment toutes les informations pour prendre les bonnes décisions. C'est celui qui sait le mieux convaincre le public qui accède au pouvoir. Or, les compétences pour créer une société prospère ne sont pas les mêmes que celles qui servent a obtenir des votes. Par exemple, l'une de nos idées cruciales est l'*evidence-based policy*, c'est-à-dire que chaque décision politique doit s'appuyer sur des preuves solides. Il faut permettre l'expérimentation, puis sélectionner la solution qui obtient le meilleur résultat afin de l'étendre à tout le pays. Pour réformer l'éducation par exemple, nous laisserions à plusieurs écoles la liberté d'expérimenter de nouvelles méthodes. Après l'observation et l'analyse de la qualité des enseignements dans différentes écoles, celle qui prépare le mieux les élèves au monde actuel tout en leur permettant de s'épanouir verra son modèle appliqué à une plus grande échelle.

Chaque politique doit contribuer à améliorer le bien-être

social, culturel et environnemental. Dans notre approche, le produit intérieur brut (PIB) ne serait plus la mesure de succès du pays. Un gouvernement transhumaniste aurait pour tâche de garantir que les progrès technologiques bénéficient au plus grand nombre. La politique va de plus en plus avoir un rôle d'aiguillage dans l'application des nouvelles technologies : lesquelles adopter, lesquelles éviter. Il y a quelques boîtes de pandore qu'il vaut mieux ne pas ouvrir, mais embrasser certaines technologies apporterait des bénéfices potentiellement immenses. Imaginez ne plus avoir à souffrir de dépression, de mal-être. Ne plus avoir à travailler juste pour vivre, s'épanouir dans ce qui vous plaît réellement, être en symbiose avec la nature, dépasser vos limites, explorer l'espace... cela parait utopique, et pourtant c'est possible avec les progrès que nous faisons !

Le TPUK fait partie d'un réseau politique informel plus large. Est-ce que le transhumanisme politique a pour vocation de développer des modes de gouvernement davantage mondialisés, ou reste-t-il fortement ancré dans le modèle de l'État-nation ?

En étant un parti anglais, nous travaillons avant-tout pour les intérêts de notre pays. Ceci dit, nous sommes dans une vision humaniste. Nous pensons que nous devons nous ouvrir l'esprit et faire avancer l'espèce humaine dans sa globalité. L'État-nation est une invention plutôt récente, elle n'est peut-être pas l'outil adéquat pour le futur de la société. Je pense qu'il est nécessaire de développer de nouvelles idées pour « décentraliser » les richesses et le pouvoir, penser en tant qu'être humain plutôt qu'en tant que français, anglais, blanc, noir... D'ailleurs, le parti ne se soucie pas de l'origine de quiconque, je suis français d'origine.

Le transhumanisme est une philosophie basée sur une idée de transition, pour *augmenter* l'humanité avant que ne survienne la Singularité. Son aboutissement est la posthumanité. Un parti comme le TPUK semble destiné à organiser politiquement cette transition, mais dans quelle mesure la politique elle-même aura encore une place dans le cadre d'une posthumanité ? L'*uploading*, par exemple, bouleverserait entièrement tous les fondements sur lesquels repose la vie en communauté.

Nous voulons aider l'Humanité, mais nous sommes agnostiques concernant les technologies à adopter. Beaucoup de gens pensent que tous les transhumanistes veulent des implants et devenir des super-humains. Ce n'est pas forcément le cas. Tous les transhumanistes ne veulent pas tous modifier ou « augmenter » leur corps physiquement. Par exemple, une étude de l'Imperial College London a récemment démontré que les produits psychédéliques (champignons hallucinogènes, LSD...) sont les substances qui ont le plus grand impact dans la guérison de la dépression. La population aura sûrement du mal à s'adapter à cette nouvelle idée. Pourtant, la preuve est bien là. Promouvoir le bien-être en utilisant la technologie, c'est surtout cela notre priorité.

La posthumanité arrivera graduellement. L'évolution ne va pas s'arrêter à l'*homo sapiens*, tout comme elle ne s'est jamais arrêtée jusqu'ici. Cela prendra plusieurs générations, il n'y aura pas un changement brutal. D'ailleurs, nous avons déjà commencé cette transition. Nous avons des pacemakers, pratiquons la contraception, utilisons la médecine pour nous soigner et pour augmenter notre espérance de vie, communiquons instantanément entre nous avec nos smartphones... nous sommes déjà augmentés ! Sinon nous vivrions encore comme des chasseurs-cueilleurs. Il y a encore beaucoup de questions qui n'ont pas de réponses précises puisque personne ne peut vraiment prédire toutes les conséquences de nos avancées technologiques. L'être humain va devoir repenser sa définition, sa place dans le monde. Nous avons pensé que la terre était le centre de l'Univers, puis nous avons pensé que c'était le soleil... En fait, nous avons tendance à penser que l'être humain est le centre de tout. Nous dominons la planète, la faune et la flore comme si elle nous appartenait, comme un enfant qui pense que tout tourne autour de lui. La plupart des gens se disent également que l'être humain est parfait tel qu'il est, qu'il est le summum de l'évolution. Il faut savoir penser au-delà de notre époque et de notre condition et s'adapter à l'idée que la conscience et la vie ne sont pas seulement l'apanage de l'Homme. C'est une question d'humilité. Il est vrai que c'est une pilule assez difficile à avaler, tout comme c'était difficile pour les générations précédentes d'accepter le fait que la Terre n'est pas le centre de l'Univers.

C'est pour ces raisons qu'il faut se préparer à l'avenir et étudier tous les scénarios potentiels, afin de développer une vraie capacité d'adaptation. Honnêtement, je ne pense pas que notre parti ait vraiment besoin de « promouvoir » la technologie, car la plupart des gens veulent vivre en bonne santé et être heureux. Donc dans leurs décisions du quotidien, s'il se présente à eux un moyen sans risque d'améliorer leur bien-être, leur santé ou leurs capacités intellectuelles, la plupart des gens vont adopter ces technologies comme nous l'avons déjà fait dans le passé (la médecine). Le rôle du Parti Transhumaniste serait donc surtout de modérer et mesurer les conséquences de chaque technologie, par exemple dans le cas de l'*uploading*. Comme je l'ai déjà dit, nous devrions tester plusieurs hypothèses à petite échelle pour pouvoir trouver une solution durable qui s'applique à grande échelle. C'est un peu comme le mode de fonctionnement d'une startup. Il faut savoir avancer vite mais avoir l'humilité de dire qu'on ne sait pas tout, qu'on va tester plusieurs idées avant de se focaliser précisément sur l'une d'elles. Nous ne vendons pas du rêve et des promesses intenables, mais une flexibilité créative et une approche rigoureuse dans leur sélection. Cela pourrait bien s'avérer être le meilleur modèle pour s'adapter à ce qu'apportera notre avenir.

Les critiques contre le transhumanisme évoquent les inégalités sociales dans l'accès aux technologies, l'eugénisme, l'individualisme exacerbé, la croyance dogmatique en la science, etc.. Avez-vous des réponses et des solutions politiques à tous ces problèmes potentiels ?

Honnêtement, je pense que ces critiques sont justifiées[18]. Le transhumanisme est beaucoup trop centré sur l'individu seul. C'est justement l'idée du TPUK que de faire évoluer cela, pour inscrire cet individu dans un registre global. Nous sommes pour utiliser les sciences et technologies, mais dans un but positif et égalitaire. Nous sommes pour la répartition des richesses et que tout le monde puisse bénéficier des avancées de la science. Nous avons une visée sociale. En passant d'une idéologie focalisée sur l'individu à une idéologie politique, le transhumanisme doit se responsabiliser et proposer une vision collective. Il faut penser la technologie différemment. Par exemple : le langage, la

---

18 Notez la différence avec Natasha Vita-More, au début de la revue. Pour sa part, elle se situe dans un transhumanisme « extropien » et réfute les critiques comme celles de Fukuyama en estimant qu'il manque de compétences.

démocratie, le système judiciaire sont des « technologies », des inventions de l'esprit humain. La meilleure approche n'est donc pas forcément de s'appuyer sur des technologies modernes comme l'intelligence artificielle, la thérapie génétique, l'informatique… mais de penser l'État-nation comme étant une technologie, afin de pouvoir expérimenter de nouvelles approches. La première « technologie » à promouvoir est celle de la raison et de la sagesse. Le logiciel collectif doit évoluer pour que notre sagesse avance aussi vite que nos progrès technologiques. Le pouvoir que nous offrent les nouvelles technologies implique de grandes responsabilités. C'est justement mon travail de promouvoir cette vision politique nouvelle. Notre parti n'est pas dans une vision technocentrique mais une vision centrée sur l'humain avec les meilleurs outils qu'il a à sa disposition. La technologie n'est qu'un outil.

NATACHA POLONY
journaliste et essayiste

*

Le transhumanisme « vide de sa substance l'État-nation »

Journaliste, essayiste et chroniqueuse française, Natacha Polony a travaillé pour Marianne et Le Figaro comme spécialiste de l'éducation. Elle se fait ensuite connaître en 2011 lorsqu'elle rejoint l'émission *On n'est pas couché*, sur France 2. Depuis, elle est passée par différents médias comme Canal Plus, Europe 1, Paris Première. Elle propose à l'heure actuelle une revue de presse sur LCI, participe à l'émission Questions politiques sur France Inter et fait partie de l'équipe des « Terriens du dimanche » (le talkshow de Thierry Ardisson sur C8). Elle préside également « Les Orwelliens ». Ce collectif de journalistes, qu'elle a cofondé, défend un *« souverainisme populaire »* et entend s'opposer à ce qu'ils nomment une *« idéologie dominante libérale-libertaire »* qui *« fait du libre-échange mondialisé un horizon indépassable et du primat de l'individu sur tout projet commun la condition de l'émancipation ».* En quatrième de couverture d'un ouvrage dans lequel le collectif présente sa démarche, on peut lire : *« Jour après jour, le monde s'installe dans une société totalitaire de moins en moins démocratique et le champ de nos libertés individuelles se rétrécit sérieusement. Exemples à l'appui, [Les Orwelliens ont] choisi de dénoncer les dérives de nos sociétés. »* Pour faire entendre cette voix, l'association a créé PolonyTV.

C'est en répertoriant la couverture française du transhumanisme que nous avons repéré deux vidéos diffusées par cette web TV : « Pourquoi le transhumanisme est-il si peu traité par les médias ? » ; « Elon Musk ou les délires des prométhées 2.0 ». En cherchant à savoir ce que Natacha Polony a pu dire d'autre sur ce sujet, nous tombons alors sur un article du Figaro, datant de 2014, dans lequel elle déclare constater l'émergence d'un discours transhumaniste caractérisé, selon elle, par le fantasme du « *développement d'une humanité augmentée par l'informatique, les nanotechnologies ou la génétique* », d'où émergent « *des projets de transformation, certains diront de négation, de l'humanité dans ce qu'elle a de spécifique* ».

Cette curiosité qu'entretient Natacha Polony envers le transhumanisme nous a d'autant plus intrigué que ses prises de position dites antilibérales, décroissantes et souverainistes sont en contraste avec une bonne partie des discours transhumanistes.

***

L'ENTRETIEN

Pourquoi entendons-nous si peu parler du transhumanisme dans les médias français alors que ce mouvement est de plus en plus massif ? L'enjeu concret de cette idéologie n'est-il pas sous-estimé ?

Il est vrai que le transhumanisme a longtemps été un sujet cantonné, pas même aux pages sciences, mais aux pages science-fiction et anecdotes des magazines. Il s'agissait de nous livrer les fantasmes baroques de quelques milliardaires rêveurs. On évoquait Elon Musk ou divers barons de la Silicon Valley comme des fantaisistes sympathiques. Mais jamais ces enquêtes ne s'intéressaient au substrat idéologique qui fait le cœur du transhumanisme. Pourquoi cette cécité ? Parce que le développement des technologies pour « vaincre » la souffrance, la maladie et la mort, répond à ce vieux fond de mythe prométhéen qui nourrit notre modernité. Qui refuserait le progrès ? Qui s'opposerait aux avancées de la science, si elles nous font espérer la fin de ce qui constitue la fatalité de l'humanité, sa finitude ? Notre société dans son ensemble est déterminée par cette idéologie technicienne que pointait déjà Jacques Ellul, et qui consiste à s'imaginer que l'on peut, dans tout domaine, inventer une technique qui soit absolument la plus performante. Ajoutons à cela le culte néolibéral selon lequel toute régulation entraverait la créativité et la recherche, culte qui conduit peu à peu à passer d'un refus des régulations au nom du bien commun ou de l'éthique à l'idée, en forme de prophétie autoréalisatrice, qu'il est « impossible » de réguler.

Dans ce cadre, il était difficile pour les médias de construire une pensée critique autour d'un mouvement qui ne faisait que pousser la logique du néolibéralisme jusqu'à son point extrême. Le transhumanisme illustrait sur le mode folklorique cette idée, que nombre de penseurs développent sous forme de pensée magique : le progrès, la science, régleront tous nos problèmes, y compris ceux que le progrès et la science ont eux-mêmes provoqués. Les choses ont évolué. Non pas que l'idéologie progressiste ait reculé, ou qu'elle ait été tempérée. Mais le transhumanisme s'est lui-même fait connaître en dévoilant davantage ses contours. Désormais, des articles se consacrent aux prétentions de Google de préparer « la mort de la mort ». Certains, même, vont jusqu'à s'intéresser à la vision du monde de ces milliardaires de la Silicon Valley, et à leur étrange mépris pour la démocratie.

Le transhumanisme se développe surtout à travers de riches entrepreneurs. Est-ce que le transhumanisme ne serait pas en train de nous mener à un modèle de société où le pouvoir politique n'appartiendra plus aux États-nations via la légitimité traditionnelle, mais aux multinationales via « légitimité technologique » ?

C'est l'objectif affiché des transhumanistes : vider de sa substance l'État-Nation. Premier point, les multinationales, notamment celles de la Silicon Valley, sont les principales bénéficiaires des dérégulations financières qui caractérisent la vague néolibérale entamée à la fin des années 1970 et amplifiée dans les années 1990, sous les bons auspices de la gauche « progressiste », de Bill Clinton à Tony Blair. Le capitalisme californien doit sa puissance à l'abandon par les Etats de leurs prérogatives. Doublée de la dématérialisation numérique, ces dérégulations ont permis à toutes ces entreprises de contourner toutes les obligations habituelles des acteurs économiques et de s'affranchir de l'obligation de participer au bien commun par l'impôt. C'est l'optimisation fiscale et l'abus de position dominante qui ont offert à ces entreprises une puissance démesurée.

Aujourd'hui, elles empêchent l'émergence de toute forme de concurrence en rachetant les startups avant qu'elles n'atteignent une taille critique. Et leurs choix économiques ne relèvent plus de la microéconomie mais de la macroéconomie, en cela que le décompte de leurs bénéfices, positionnés artificiellement dans des pays où le taux d'imposition est avantageux, gonfle artificiellement les indices économiques de ces pays (on l'a vu avec l'Irlande) et masque la richesse créée, par exemple aux États-Unis. C'est finalement parfaitement cohérent avec la vision du monde développée par les penseurs transhumanistes, qui considèrent que l'État est par essence inefficace et oppresseur, et que la démocratie est inefficace pour régler les problèmes. Ils le disent clairement : la valeur première est l'efficacité, adossée à la certitude que ces « winners » qui ont réussi à construire un empire monopolistique sont par nature plus à même que le commun des mortels de déterminer ce qui concourt au bien de l'humanité. L'immense différence entre les entrepreneurs du transhumanisme et les politiques qui adhèrent au dogme néolibéral au nom de la « gouvernance » par de supposés experts, c'est qu'ils ont le mérite de l'honnêteté intellectuelle et de la franchise. Ils assument parfaitement et sont intimement persuadés d'appartenir à cette avant-garde technologique qui doit sauver l'humanité. On est dans le messianisme pur et simple, un messianisme qui doit mener l'humanité vers une eschatologie[19] qui la libérera de la souffrance, de l'imperfection et des limites imposées par la nature.

Certains philosophes et écrivains SF décrivent le transhumanisme comme un totalitarisme dystopique potentiel. Le transhumanisme est-il plutôt une chance d'émancipation pour l'humanité, ou bel et bien un danger pour la démocratie et les droits de l'Homme ? Est-ce que une société transhumaniste pourrait facilement dériver en *1984* ou en *Brave New World* ?

Les totalitarismes, par delà leurs innombrables différences, se caractérisent par une dimension eschatologique et la volonté de forger un Homme nouveau. C'est exactement ce qui se passe avec le transhumanisme. Cette idéologie repose sur l'idée que l'Homme est imparfait, et que le croisement des technologies

---

19 Qui renvoie à un discours de fin du monde.

numériques, génétiques, informatiques et cognitives va permettre de faire advenir une humanité débarrassée de ses scories. Hélas, ce genre de rêve tourne toujours au cauchemar. D'abord parce que, malgré les grands discours des promoteurs du transhumanisme sur la nécessité de permettre à l'humanité dans son ensemble d'accéder à ces techniques, c'est bien une part infime de l'humanité qui se forgera une supériorité par ces « augmentations » diverses. Et ne parlons pas de l'utilisation militaire de ces techniques, à laquelle nos gentils utopistes n'ont pas l'air de songer. L'émergence d'une humanité nouvelle, douée de capacités étendues, ferait immédiatement de ceux qui, soit refuseraient ces techniques, soient n'y auraient pas accès, une sous-humanité. Le fantasme de toute-puissance qui anime ces idéologues (l'hubris, pour reprendre un terme antique qui porte en lui toute la mémoire des malheurs occasionnés par l'orgueil humain) aboutit immanquablement à semer la mort ou l'injustice puisqu'il repose sur un mépris absolu pour l'humanité telle qu'elle est, avec ses limites et ses imperfections.

Vous vous intéressez beaucoup à l'éducation. Un monde transhumaniste bouleverserait entièrement la forme actuelle de l'éducation. Des élèves « augmentés » seraient habitués à une externalisation de la mémoire par exemple, le cerveau littéralement connecté à internet. Quel impact cette virtualisation des connaissances, et plus globalement du cadre de vie, aurait sur des générations d'enfants qui n'auraient connu que ça ?

Là encore, on nage en plein fantasme. Il en va de l'intelligence artificielle comme il en allait des ordinateurs il y a quelques années. J'ai le souvenir d'un président de la PEEP, une des deux fédérations de parents d'élèves, qui me vantait la révolution qu'allait imposer l'ordinateur dans les classes par ces mots : « Le maître et les élèves ne seront plus face à face, ils regarderont dans la même direction. C'est la pédagogie de la main sur l'épaule. » Dans le même ordre d'idée, Claude Allègre, ministre de l'Éducation Nationale, s'extasiait sur cette révolution en expliquant que « quand l'élève pose une question, l'ordinateur répond. »

Certes, dans une époque d'hypertrophie des individus, où l'on ne jure que par « l'individualisation des parcours », l'idée de l'enfant guidé dans ses apprentissages par des machines qui s'adaptent à lui, voilà qui semble la panacée. C'est oublier que, dans les premiers âges de la vie, l'intelligence du petit d'homme se développe d'abord par les cinq sens, qui constituent son interface avec le monde. C'est le goût, le toucher, l'odorat, autant que l'ouïe et la vue, qui lui font connaître et comprendre, en lui permettant d'expérimenter. À cela, il faut ajouter l'interaction avec un autre être humain. Des expériences ont été menées sur de jeunes enfants. Quand on leur passait des vidéos d'une personne parlant une langue étrangère, ils n'en tiraient aucun bénéfice, alors que la même personne présente face à eux leur permettait d'apprendre cette langue. La transmission nécessite un rapport interpersonnel, un maître et un élève.

Quant à cet autre fantasme selon lequel on pourrait se passer de la mémoire grâce à un disque dur contenant les savoirs nécessaires, mis à disposition du cerveau, il relève d'une confusion absolue et désespérément courante entre information et savoir. Le savoir a ceci de spécifique qu'il modifie notre être, qu'il nous fait développer l'humanité en nous et nous conduit à voir le monde différemment. Il faut pour le comprendre relire Rabelais, Montaigne, Erasme ou Pic de la Mirandole, qui ont ouvert la voie à une haute conception de l'homme et de sa dignité, dont nous sommes encore pour quelques temps les héritiers. Bref, le transhumanisme n'a rien d'un humanisme, mais il ressemble à s'y méprendre à un totalitarisme.

RAPHAËL GRANIER DE CASSAGNAC
écrivain de science-fiction

*

« Humain augmenté » ou
« humain diminué » ?

« Si la machine s'éloigna de l'humanité, l'humanité se rapprocha en revanche de la machine. La crainte première et irrationnelle que les processeurs puissent "prendre le contrôle" fut balayée et la cybermodification se démocratisa. »

Dans *Thinking Eternity*, le deuxième roman de l'écrivain français Raphaël Granier de Cassagnac, les humains ne perdent pas le contrôle des intelligences artificielles. C'est bel et bien l'humain qui est au cœur de ce futur, ou plus précisément le transhumain. Le contexte d'introduction du roman se situe dans une période similaire à la nôtre : mondialisation croissante et réseaux sociaux omniprésents. Si des scientifiques ont commencé à développer des biotechnologies de pointe, les premiers essais sont peu concluants, d'autant que la législation éthique en vigueur fait office de plafond de verre pour les chercheurs. Tout est bouleversé lorsqu'un violent attentat à l'arme biologique est perpétré à l'échelle mondiale. Quelques rescapés ont pu survivre au gaz mortel, mais leurs yeux sont gravement touchés et doivent être amputés avant que cela n'atteigne leur système nerveux. Sous l'impulsion de l'opinion publique, ces survivants sont transférés dans une clinique où des yeux cybernétiques leur sont greffés. Non seulement ces prothèses rétablissent la vue, mais elles en « améliorent » aussi les capacités. La forte médiatisation de ces humains nouvellement augmentés va habituer l'opinion publique à l'idée des prothèses biotechnologiques et faire évoluer la législation. Plus encore, cela devient une mode : « *Il devint acceptable d'amputer une partie biologique non défectueuse pour la remplacer par un organe cybernétique [...] La cybermod atteignit son heure de gloire.* »

C'est dans ce contexte que le personnage principal, Adrian Eckard, va se distinguer. Ce scientifique fait partie des rescapés dont les yeux ont été remplacés. Une scène le concernant est particulièrement frappante et vous rappellera notre entretien avec la psychanalyste Cristina Lindenmeyer. Peu après l'opération, Adrian se retrouve face à un miroir et découvre son nouveau visage. S'il perçoit bien les augmentations que lui apportent ses yeux cybernétiques, il ne peut s'empêcher d'avoir une réaction de dégoût envers lui-même. Davantage qu'*humain augmenté*, il se sent *humain diminué*. Face à ce choc, et pour fuir sa médiatisation, il s'échappe dans une sorte de road trip en Afrique. Il y rencontre des populations locales et isolées. Adrian estime que, en ces lieux, les religions se sont contentées de peupler le ciel d'anges et de démons sans réellement expliquer aux gens comment fonctionne le monde. Il passe alors de village en village, pour y professer la science. Les habituels prédicateurs religieux ne rencontrent plus aucun succès : les villageois préfèrent aller écouter Adrian Eckard.

Face à l'emballement, ce dernier va fonder un mouvement baptisé le Thinking. On y retrouve toutes les caractéristiques d'une religion. Adrian fait progressivement office de messie et se construit une base de véritables adeptes. Le Thinking suscite l'adoration jusqu'au fanatisme. Pour Charles Stross, l'auteur d'*Accelerando*, ce type de scénario pourrait sortir de la science-fiction : « *Je pense que le parcours à long terme pour toute véritable entité transhumaine (en supposant qu'elle ne nous exterminera pas) sera d'appliquer le génie génétique sur une grande échelle pour augmenter la religiosité parmi ses sujets, et se présenter comme leur dieu.* » Quant à Raphaël Granier de Cassagnac, il nous explique que l'idée d'un prophète de la science lui vient « *de la conviction qu'il y a encore un appétit de l'humanité pour la question "d'où venons-nous", à laquelle répond en partie la science, avec par exemple le Big Bang et la théorie de l'évolution. Or, ce savoir n'est pas dispensé comme le furent les religions dans les endroits les moins instruits de la planète.* »

L'auteur de *Thinking Eternity* ne s'en tient pas qu'à la religiosité : les technosciences prennent une telle importance qu'elles transforment les formes de gouvernance politique dans le monde. Les États perdent en légitimité, tandis que les entreprises gagnent toujours plus de pouvoir. Raphaël Granier de Cassagnac va même jusqu'à imaginer des « Sociétats », des pays entièrement dirigés par des entreprises (Googland, par exemple). Parmi ces drôles de pays, il existe un État réservé aux transhumains. L'auteur dresse également le portrait d'Eternity Incorporated, une multinationale qui cherche à créer des « immortels numériques » par le téléchargement de la conscience (mind uploading) et qui pratique la cryogénisation.

Raphaël Granier de Cassagnac dessine l'archétype d'un monde où les idées transhumanistes se sont installées par des biais religieux, politiques et financiers, voire même en tant que mode. « *Le personnage principal n'est pas transhumaniste à proprement parler* », insiste l'écrivain. « *Il devient un humain augmenté bien malgré lui... A contrario, sa sœur travaille pour une entreprise franchement transhumaniste qui annonce vouloir assurer la survie de l'humanité. Parmi leurs projets transhumanistes, ils veulent transférer l'humain dans un ordinateur. Le transhumanisme et le posthumanisme sont donc plutôt centraux dans le récit ».* Nous avons discuté avec lui de ce qui a inspiré son scénario, ainsi que de ses craintes et espoirs pour notre avenir politique face aux sciences et technologies.

***

L'ENTRETIEN

Dans *Thinking Eternity*, la croyance dans le pouvoir de la science devient religieuse. Mais peut-on imaginer une dérive qui irait au-delà du fanatisme, un transhumanisme qui apporterait une société dystopique, totalitaire ?

Certainement, et je crois que c'est au travers de l'économie que cette dérive pourrait advenir. Une des grandes questions derrière le transhumanisme est : *qui en profitera ?* Si un jour on peut vraiment s'augmenter, rallonger la vie, tout le monde aura-t-il accès à cette possibilité ? Si l'on observe le monde dans lequel on vit, c'est très peu probable. Ce sera sans doute des technologies extrêmement chères, auxquelles peu de gens auront accès, en dehors de quelques privilégiés. Un tel système ne pourra que créer de grandes jalousies. Un vrai problème fondamental subsidiaire pourrait alors se poser : quels seront les rapports des transhumains avec les humains ? Vont-ils les asservir ? Vont-ils créer un système de contrôle ? Ou vont-ils juste s'en aller, en dehors du monde, sur la Lune ou dans un quelconque paradis de transhumains, laissant tomber l'Humanité ?

Pensez-vous qu'il soit malgré tout possible de mettre en place, comme le propose le Parti transhumaniste britannique,

une société transhumaniste égalitaire ?

Je pense que c'est utopique... Mais le transhumanisme est, de base, utopique. C'est bien gentil d'affirmer que tout le monde peut en profiter, mais si la production de ces technologies coûte trop cher, il est certain que tout le monde n'en profitera pas. Toute la société moderne est construite comme cela. Il y a des privilèges, des gens qui ont accès à tout, tandis que d'autres n'ont pas accès à certaines ressources (la culture, les loisirs, l'argent...). En principe, il ne faudrait pas de transhumanisme sans que ce ne soit universel, mais je ne crois pas que ce soit possible.

Il y a une scène dans votre livre où le personnage principal se regarde dans le miroir, voit son œil cyborg et se sent davantage diminué qu'augmenté. Qu'est-ce qui fait qu'un corps modifié par la technologie puisse dégager le sentiment d'une perte d'humanité ?

Pour la petite histoire, c'est le dernier chapitre que j'ai écrit. C'est un détail important, car j'ai donc écrit cette scène après avoir expérimenté mon personnage tout au long du roman. Je crois que je n'aurais pas écrit le même chapitre si je n'avais pas déjà compris toutes les conséquences sur lui de sa cybernétisation. J'aurais sans doute été plus optimiste si j'avais écrit le chapitre dès le début.

J'ai rajouté un petit artifice pour introduire cette scène du miroir : juste après la greffe oculaire, il est aveugle. Il lui faut pas mal de temps pour apprivoiser ses yeux, comprendre les canaux sensoriels, réorganiser les pixels. Ses médecins décident de lui cacher son propre reflet pour ne pas perturber ce processus. Une fois qu'Adrian a réapprivoisé la vue, ils l'autorisent enfin à se voir.

Et là, c'est un vrai choc. Il n'est plus lui-même. Il a gagné quelque chose, c'est certain, puisque ses yeux ont des capacités supérieures, mais en même temps il a perdu quelque chose d'autre. En choisissant de lui greffer des yeux, j'ai touché une partie très fondamentale de l'être humain : ils sont les véhicules de nos émotions. Or, par exemple, Adrian ne peut plus pleurer. Pour renforcer cette rupture, j'ai choisi des yeux à l'aspect hyper-technologique. Ce sont des grosses billes, très visibles, bien éloignés des yeux humains biologiques. Mais au fond, je pense que cette sensation de différence fondamentale serait vraie avec tous les implants. Ce qu'on appelle l'humain « augmenté » va s'avérer plus compliqué à admettre qu'il n'y paraît, parce que pour la plupart des implants cybernétiques, on va perdre des choses en même temps qu'on va en gagner.

C'est donc au cours de l'écriture que vous vous êtes rendu compte de tous les problèmes que pouvaient créer les modifications technologiques du corps...

J'avais déjà un synopsis complet, la greffe oculaire était prévue. Je me disais que mon personnage ne serait crédible que s'il avait été meurtri dans sa propre chair, avec une séquelle à long terme. Pour qu'il développe cette religion de la science, je voulais une rupture. Je ne vois pas un scientifique s'engager spontanément dans une telle démarche, il fallait qu'il soit motivé à quitter son job, à faire autre chose. Pour qu'il devienne une sorte de prophète, c'était intéressant qu'il porte la science sur son visage : quand il raconte cette science à un auditoire, il est crédible. Pour autant, quand on écrit des personnages, ils surprennent toujours. Ils se développent et d'un seul coup on se rend compte qu'il y a un *truc* qui s'impose, qu'on n'avait pas prévu. Là, ce fameux *truc*, c'était l'impact qu'avait sur Adrian le fait de changer ses yeux.

Adrian aurait perdu la vue sans son augmentation. La volonté transhumaniste de surmonter les handicaps peut-elle être profitable ?

Cela dépend de l'étendue de la définition donnée au transhumanisme. Si on parle juste de remplacer des membres défectueux, bien sûr que c'est profitable ! D'ailleurs, on le fait déjà depuis longtemps avec des greffes biologiques. C'est quand l'augmentation et l'économie mettront leur nez là-dedans que les problèmes se poseront, en bien et en mal.

Dans votre roman, la pénétration des augmentations dans notre quotidien commence par le biais de la médecine, puis cela se transforme en mode. Qu'est-ce qui pourrait transformer les projets transhumanistes médicaux en « augmentations de confort » ?

Le profit ! Soigner des gens, ça ne rapporte pas d'argent… L'industrie pharmaceutique vend des médicaments, ce qui est très noble mais implique des dérives. C'est une industrie qui fait du profit et qui peut par exemple être tentée d'exagérer, de scénariser ou d'instrumentaliser des maladies pour en vendre davantage. Rappelons que le viagra et autres stimulants sont déjà des médicaments d'augmentation, ils ne soignent pas grand-chose. On quitte finalement le modèle médical et son intention initiale qui est juste, pour entrer dans une simple logique économique. C'est dans cette optique que je décris des augmentations cybernétiques devenues une mode (tout comme le tatouage, les implants en silicone, etc.).

En tant que scientifique, pourquoi vous êtes-vous intéressé au transhumanisme au point de faire un roman qui traite assez largement de la question ?

Ce n'est pas en tant que scientifique que ça a démarré, même si le traitement que j'en donne est forcément assez scientifique parce que je connais ce monde-là. Le point de départ de mon intérêt pour ce sujet est littéraire. C'est en lisant le livre de Michel Houellebecq, *Les particules élémentaires*, un livre dans lequel il parle du monde d'aujourd'hui et d'hommes en crise existentielle, de façon un peu glauque. À la fin, un dernier chapitre est en rupture totale avec le roman. On y apprend que l'un des deux personnages a inventé un procédé qui permet d'arrêter le vieillissement. Cet épilogue révèle qu'il a permis la création d'êtres supérieurs, des immortels biologiques. C'est du transhumanisme.

Ce que j'ai aimé dans ce chapitre, c'est qu'il présente une vision radieuse d'un tel futur. Avec ces immortels, l'Humanité a créé sa succession. Les humains mortels arrêtent de se reproduire, parce que ce n'est plus la peine. Ils s'éteignent doucement au profit des immortels, dans une espèce de paix béate. C'est un point de vue qui est rare en science-fiction. En général, ce genre de processus est décrit comme se passant mal. Juste après avoir refermé ce livre, je prends une feuille de papier et je me dis : « voilà, l'immortalité pour moi c'est quoi ? ».

Si vous aviez trois grandes critiques à formuler sur un monde dans lequel nous serions immortels ?

Le premier problème de l'immortalité, c'est l'ennui. Quand on devient immortel, on finit forcément par s'ennuyer au bout d'un moment. Deux solutions : soit renoncer à l'immortalité, soit trouver de quoi s'occuper éternellement.

Il y a un second problème : la mémoire. Est-ce qu'on se souvient de tout ce qu'on a vécu ? Dans mon roman, mes immortels numériques ont un choix à faire dès le départ : est-ce qu'ils s'autorisent beaucoup de mémoire ou pas ? Ils décident de ne pas trop en mettre. Ils se disent : « *Ok, on est immortels, mais on doit pouvoir oublier ce qu'on a fait il y a longtemps. On hiérarchise nos souvenirs : il faut garder les choses importantes et en oublier plein d'autres afin de pouvoir les revivre.* » C'est lié à la limite précédente, pour moins s'ennuyer !

Le troisième problème, ce sont les mortels ! Si on est immortels et qu'il reste des mortels, je pense qu'il faut malheureusement contrôler ces mortels. Attention, je me mets là dans le point de vue de l'immortel : il faut être sûr que les mortels ne vont pas faire une révolution contre nous.

Dans ce que vous dites, on retrouve le souci de l'inégalité.

Complètement. S'il y a des immortels et qu'ils cohabitent avec des mortels, il y a une grave crise de société à gérer. Ce problème d'inégalité existe déjà, comme on le constate par exemple avec le harcèlement sexuel. Les « puissants » ont des problèmes avec ceux qui sont perçus comme les « moins puissants ». Ils affirment leur force, ils affirment leur pouvoir d'une façon ou d'une autre. S'il y a des immortels et des mortels, ce sera pareil.

La technologie n'est donc pas « salvatrice » ? On aura beau augmenter nos corps, peut-être qu'il y aura toujours des

problèmes sociopolitiques à régler empêchant de passer à une société posthumaine utopique…

La technologie offre plein de possibilités d'amélioration de la condition humaine. Mais il faut réfléchir, de façon éthique, à l'utilisation qu'on en fait. Moi je suis fondamentalement pour le progrès technique, mais il faut faire très attention à la façon dont on le met en œuvre. Les boîtes privées ont de plus en plus de pouvoir. Elles utilisent ce progrès technique d'une manière essentiellement commerciale. Elon Musk, Mark Zuckerberg, Larry Page… ces milliardaires semblent pour la plupart avoir des idées assez philanthropiques, mais au final, ils font quand même du fric. Ils ont la capacité de relancer certaines choses que les gouvernements avaient mises de côté : Elon Musk relance l'exploration spatiale, par exemple.

Si on va vers des humains augmentés, il faudra vraiment faire attention à qui ils sont, ainsi qu'à ceux qui ont le pouvoir d'augmenter les gens. Est-ce que ce sont les boîtes privées qui décident d'augmenter des *clients* qui les payent pour cela ? Ou bien, s'il y a des enjeux médicaux, est-ce que c'est plutôt la médecine publique qui doit s'occuper de ça ?

Une société devenue transhumaniste abandonnerait-elle les États, remplacés par une poignée de milliardaires au pouvoir ?

Aujourd'hui, on parle des dettes des pays et, à côté de ça, il y a des boîtes qui gagnent énormément d'argent. Je pense qu'un jour, une boîte va offrir à un État de racheter sa dette. Par exemple, prenons la dette de la Grèce… Google pourrait très bien proposer de la racheter en échange du contrôle de la Crête (ou d'une autre île). Je suis persuadé qu'il va finir par exister des pays qui seront des émanations des grandes compagnies. Il y a un « Googland » dans mon roman. Et ce ne sera pas forcément un mal, tout dépendra de ce qu'ils feront. Peu de temps après avoir écrit le chapitre sur ce Googland, j'ai entendu une déclaration de Larry Page [cofondateur de Google] qui allait en ce sens. C'était un peu plus léger que ma version science-fictionnelle, mais il appelait de ses vœux des « espaces d'expérimentations de nouvelles gouvernances ».

Je ne serai pas étonné qu'il advienne des pays transhumanistes, dans lesquels les transhumains se rassembleront. Dans mon roman, j'ai imaginé ces « sociétats ». Par exemple, le Taoland : un État pour les posthumains, créé par un milliardaire hypercybernétisé (les jambes, les bras, les yeux…) et dans lequel sont inventés des droits spécifiquement adaptés aux posthumains. Il attire à lui une grosse partie des humains augmentés, lesquels sont mal vus partout ailleurs.

On arriverait à une séparation géographique entre augmentés et non-augmentés ?

Oui, je ne serai pas étonné que ça arrive si on développe des vraies modifications du corps humain. Ce seraient des ghettos. Et cela existe déjà, il y a des ghettos de riches et des ghettos de pauvres, par exemple.

Toutes ces questions, que vous soulevez dans votre roman, ne sont pas que scientiques : elles ont aussi une dimension politique…

Le rôle de l'écrivain de science-fiction est d'alerter ses

contemporains sur des dérives possibles, sans forcément apporter les réponses. Il y a une composante politique très forte. Lorsque je décris la religion de la science qu'est le « Thinking », j'aborde l'éducation des masses, les modes de gouvernances, ce qui est volontairement très politique.

PARTIE 5

Les sciences et technologies : une question de choix éthiques

Pour la journaliste scientifique Elena Sender, grand reporter au magazine Science & Avenir, les sujets de l'humanité réparée et de l'humanité augmentée sont *« un phénomène journalistiquement très important »*. Raison pour laquelle elle a coréalisé la série documentaire française *Humain 3.0*[20], dédiée à décrypter *« les futurs possibles de l'humain et de son corps »*. Avec cette série, son postulat de départ n'est pas vraiment de s'intéresser au transhumanisme, mais plutôt à ce que les sciences et technologies vont réellement modifier chez nous et jusqu'où. *« Il se trouve qu'en ayant cet objectif, on a effectivement croisé le chemin des transhumanistes, car ils ont une vision sur ce sujet. Mais il n'y a pas qu'eux. Au fond, le transhumanisme n'est un chiffon rouge qu'on agit, car cela fait appel à des fantasmes. Ce qui importe vraiment est ce que les chercheurs font vraiment dans les laboratoires. »* Pour Elena Sender, les transhumanistes sont déconnectés de la réalité et n'ont qu'un discours. *« Ils font des conférences et vendent des livres, mais ils ne font pas grand-chose. Ils ne publient pas ou peu de vraies recherches. Il y a un vrai décalage entre d'un côté ceux qui font étalage de leur transhumanisme en vendant leur soupe, et de l'autre côté… la science, qui cherche et qui avance. Les scientifiques qui veulent*

---

20   Le documentaire est disponible sur Youtube.

réellement trouver des solutions à des problèmes sont beaucoup plus mesurés que les idéologues. Ceux qui travaillent à contrer le vieillissement ne disent pas qu'ils travaillent sur une "pilule contre la mort", ils vont surtout travailler à rendre le vieillissement moins douloureux. »

« Les prothèses sont une chance extraordinaire, car il y a des gens qui souffrent et la science peut faire quelque chose pour eux », ajoute Elena Sender. *« En fait, ce n'est pas une question technologique. La technologie pour faire tout cela va exister, cela ne fait aucun doute. Ce sont des questions éthiques qui se posent : Doit-on aller jusqu'à l'augmentation ? Quelles inégalités cela pourra-t-il générer ? ».* Sur ce point, elle n'est d'ailleurs pas convaincue par le pessimisme qui caractérise les écrits de science-fiction précédemment abordés. *« De nos jours, les récits sur le futur se ressemblent tous. Les humains sont hyper-connectés, modifiés génétiquement, etc. C'est souvent une dystopie, avec une fracture conflictuelle entre les augmentés et les naturels. Mais pourquoi ne pas proposer un autre futur que celui-là ? Ne peut-on pas, avec les mêmes ingrédients, donner une vision moins noire du futur ? »* Elle souhaite passer un appel aux écrivains de science-fiction : *« Ne pouvez-vous pas nous inventer autre chose ? Black Mirror dénonce certes intelligemment les dérives possibles, mais il y a une vraie absence de solutions, de propositions alternatives. On ne va pas arrêter les technologies ou interdire les réseaux sociaux et les écrans, on va devoir vivre avec. Alors que pouvons-nous en faire de positif ? »*

S'il y a bien un auteur de SF qui pourrait entendre et approuver un tel appel, c'est David Brin. Cet astrophysicien, futuriste et écrivain américain œuvre depuis les années 1980 à anticiper l'avenir des sciences et technologies. Il n'est ni optimiste, ni pessimiste, une caractéristique typique de la « hard science-fiction », un registre qui est attaché à respecter intégralement l'état actuel de la science au moment où le roman est écrit. *« Il est facile d'imaginer des conséquences dystopiques, si ce n'est même triviales, au transhumanisme et aux intelligences artificielles »*, nous dit-il. *« La plupart de ces scénarios représentent les intelligences artificielles et les humains augmentés dans un monde où ils ont reconstruit un ordre social oppressif, similaire au féodalisme de notre histoire passée. Mais pourquoi des esprits avancés voudraient-ils répéter le schéma stupide du passé humain ? Ces intelligences développées ne choisiraient-elles pas plutôt de participer et d'amplifier la structure de société humaine qui a permis la créativité nécessaire à leur propre existence ? »*. Il insiste sur l'idée que les avancées technologiques sont à double-tranchant : elles peuvent être utilisées d'une mauvaise façon et faire des ravages dans la société, mais aussi servir des buts positifs. *« En 2001, aux États-Unis, un scientifique fou avait envoyé à des journalistes et sénateurs des lettres contenant les bactéries de la "maladie du charbon". Il y a eu cinq morts, mais des scientifiques se sont empressés de fournir une expertise sur ce problème, permettant d'y mettre rapidement fin. Pour survivre à l'ère qui vient, il va falloir que le ratio de praticiens malintentionnés reste toujours inférieur à celui de praticiens éthiques. C'est pour cela qu'une civilisation ouverte et totalement transparente pourrait faire la différence : les scientifiques pourront repérer rapidement les activités dangereuses de leurs collègues malveillants, et agir vite pour les contrer. »* David Brin est persuadé que la science-fiction peut jouer un rôle fondamental pour préparer un bel avenir, car *« elle encourage l'impertinence et la remise en cause des certitudes »*, elle permet de *« rendre obsolètes les vérités éternelles »*.

Utilisées de façon raisonnée, les sciences et technologies ont un apport indéniable. Elles peuvent adoucir des souffrances et faciliter certaines tâches. Mais ce bénéfice qu'elles nous apportent pourrait donner la sensation que nous ne devons exister qu'à travers elles. Or, il ne faut pas perdre de vue que les innovations techniques ne sont que des *outils*, et que nous en sommes des *utilisateurs*. Dans les œuvres d'anticipation et les discours critiques que nous avons abordés au cours de la revue, le basculement vers une société dégradée et liberticide, voire dystopique, provient toujours d'un moment où cette frontière entre l'outil et l'utilisateur a été brouillée, si ce n'est effacée. Il est donc crucial d'écouter celles et ceux qui tirent la sonnette d'alarme, car dans une période où la présence technologique s'accroît, la dépendance et l'habitude risquent d'être la cause d'un tel flou.

De fait, l'urgence est de porter ces enjeux dans le débat public. *« Il y a des décisions éthiques à prendre »*, affirme la journaliste Elena Sender. Et pour prendre les bonnes décisions, sur des bases saines, il faudrait déjà reprendre confiance en ce que nous sommes autant qu'en notre capacité de créer des solutions. *« Finalement, peut-être qu'il serait quand même bon de s'aimer comme on est, d'accepter de vieillir, de se réconcilier avec le handicap et la souffrance... sans vouloir se transformer. Juste essayer de vivre bien, sans vouloir vivre mieux »,* conclut Elena Sender.

Nous remercions chaleureusement
toutes celles et tous ceux qui nous ont soutenu
et qui ont contribué à la réalisation de cette enquête.

Retrouvez des entretiens et chroniques complémentaires sur notre site internet :

www.anticipation-larevue.fr

« Alain Damasio, l'écrivain d'une science-fiction révoltée »

« Rencontre avec Richard Morgan, l'auteur du roman à l'origine d'*Altered Carbon* »

« *Horizon : Zero Dawn*, la vie après une apocalypse technologique »

« *Existence* de David Brin, une fresque futuriste inquiétante et palpitante »